Thoughts and Practice on the New Round of State-owned Enterprise Reform

新一轮国企改革
的思考与操作实务

（第二版）

U1015483

主　编：施能自　洪廷安
副主编：李　鹏　吴芙蓉

中国经济出版社
CHINA ECONOMIC PUBLISHING HOUSE
·北京·

图书在版编目（CIP）数据

新一轮国企改革的思考与操作实务/施能自，洪廷安编著．—2 版．
—北京：中国经济出版社，2019.4（2021.3 重印）
ISBN 978 - 7 - 5136 - 5606 - 1

Ⅰ．①新…　Ⅱ．①施…　②洪…　Ⅲ．①国企改革—研究—中国　Ⅳ．①F279.21

中国版本图书馆 CIP 数据核字（2019）第 048969 号

责任编辑　陈　瑞
责任印制　马小宾
封面设计　任燕飞装帧设计工作室

出版发行　中国经济出版社
印 刷 者　北京艾普海德印刷有限公司
经 销 者　各地新华书店
开　　本　710mm × 1000mm　1/16
印　　张　11.5
字　　数　181 千字
版　　次　2019 年 4 月第 2 版
印　　次　2021 年 3 月第 2 次
定　　价　59.80 元
广告经营许可证　京西工商广字第 8179 号

中国经济出版社　**网址** www.economyph.com　**社址** 北京市东城区安定门外大街 58 号　**邮编** 100011
本版图书如存在印装质量问题，请与本社销售中心联系调换（联系电话：010 - 57512564）

《新一轮国企改革的思考与操作实务》编委会

主　编

施能自　　德勤国资国企发展研究中心联席主任

洪廷安　　德勤国资国企发展研究中心联席主任

副主编

李　鹏　　德勤国资国企发展研究中心常务副主任

吴芙蓉　　德勤国资国企发展研究中心秘书长

其他执笔作者（按姓氏拼音顺序）

陈尚礼　　德勤财务咨询服务合伙人

陈　岚　　德勤研究中心总监

陈时伟　　德勤风险咨询服务总监

陈　莹　　德勤税务与法律服务高级经理

范宏彬　　德勤审计及鉴证合伙人

郭　瑶　　德勤国资国企发展研究中心华南区助理经理

赫　东　　德勤财务咨询服务合伙人

黄　耿　　德勤管理咨询服务合伙人

计　芳　　勤理律师事务所总监

蒋　颖　　德勤亚太区客户和市场领导合伙人

金家宇　　德勤管理咨询服务高级经理

李晓晖　　德勤税务与法律服务合伙人

马　立　　德勤市场发展中心合伙人

彭锘媛	德勤国资国企发展研究中心华北区经理
曲　磊	德勤财务咨询服务副总监
宋姣琳	勤理律师事务所合伙人
孙向禹	德勤财务咨询服务合伙人
王拓轩	德勤管理咨询服务合伙人
王允娟	德勤管理咨询服务合伙人
吴　俊	德勤风险咨询服务合伙人
吴燕子	德勤研究中心经理
谢　安	德勤风险咨询服务合伙人
徐　斌	德勤审计及鉴证合伙人
许思涛	德勤首席经济学家
姚瀚飞	德勤风险咨询服务高级顾问
余莉娜	德勤风险咨询服务合伙人
余　云	德勤风险咨询服务合伙人
袁毓东	德勤财务咨询服务合伙人
张　慧	德勤税务与法律服务合伙人
张佳晖	德勤风险咨询服务经理
张立兵	德勤风险咨询服务总监
张　萌	德勤财务咨询服务总监
张庆杰	德勤管理咨询服务合伙人
赵　健	德勤风险咨询服务合伙人
郑　骅	德勤管理咨询服务合伙人
周　颖	德勤税务与法律服务合伙人
朱　桉	德勤税务与法律服务合伙人

序一

携手更多中国企业跻身世界一流企业

由德勤编撰的《新一轮国企改革的思考与操作实务》一书于 2017 年 9 月首次出版。彼时恰逢德勤中国百年华诞，该书凝聚了德勤在中国市场的长期经验和深刻洞察，在出版后受到业界和读者的广泛认可，为众多国企在深化改革的道路上提供了有价值的参考。对此，我颇为欣喜。时隔两年，适逢中华人民共和国 70 周年华诞。本书此时有幸再版，意在助力更多中国企业跻身世界一流企业，向 70 周年国庆献礼。

中华人民共和国成立 70 年来，国际国内经济格局发生了翻天覆地的变化，中国已经成为世界第二大经济体、第一大工业国、第一大货物贸易国、第一大外汇储备国。2018 年进入世界 500 强的中国企业已有 120 家，其中国有企业达 82 家。德勤结合全球化的视野和对本土市场的深刻洞察，一直以来以多种专业服务携手中国企业共同发展，是中国经济奇迹的见证者和亲历者。

当前，中国经济已进入新的发展模式，结构性调整、高质量发展、创新驱动、数字经济等成为发展新阶段的关键词。国家已明确表示将改革开放进行到底的决心，以改革解决前进中的困难，以开放推动进一步发展。在企业层面，国家将继续深化国有企业改革，以培育具有全球竞争力的世界一流企业。德勤作为全球最大的专业服务机构，始终致力于为客户提供至精至善的专业服务，帮助客户在瞬息万变的商业环境中脱颖而出。面对新时代的新趋势与新挑战，德勤将继续运用全球视野，结合本土智慧，以帮助更多中国企业跻身世界一流企业为己任。

此次再版《新一轮国企改革的思考与操作实务》一书正是德勤兑现上述承诺的实际行动之一。本次再版，由德勤国资国企发展研究中心牵头，对书中不少章节进行了较大篇幅的更新和修改，聚焦混合所有制改革、国企国际化和“一带一路”、国企人才市场化改革和国有资本投资公司与运营公司等改革热点与难点。本书充分凝聚了德勤的本土智慧和实践心得，将德勤各专业团队在帮助企业实施落地各类改革项目中的挑战、思考和参考解决方案进行总结、提炼和升华，与读者分享。同时，凭借遍布150多个国家和地区的全球网络，德勤在每个改革热点和难点问题的思考中运用了全球视野，融入了全球经验。本书提出的参考解决方案，都落实到具体行动，将有力地协助国有企业利用改革契机，提升管理水平，提高发展质量，朝着世界一流企业的目标更进一步。

同处于一个变革的时代，德勤自身也在不断创新转型。我们于2018年正式启动“勤启数智”计划，用数字化加强自身的竞争力，以技术手段和创新解决方案推动服务和品牌的提升与转型，实现对客户“高价值、高科技、高体验”的承诺。德勤正在酝酿下一本国企改革相关的书，其中将包含创新驱动国企发展、国际化人才、数字化转型等内容。

展望未来，德勤相信，通过深化改革、扩大开放，一定会有更多中国企业在技术、管理、国际化水平等各方面更上一层楼，成为有国际竞争力的世界一流企业，对内支撑起我国经济整体高质量发展，对外为全球经济治理发出中国声音、提出中国方案、贡献中国智慧。

德勤中国首席执行官

2019年3月

序二

以不断创新与国有企业共同探索改革深水区

首先，感谢中国经济出版社的厚爱，选中这本2017年9月首次出版的《新一轮国企改革的思考与操作实务》进入贵社改革开放40周年40本经典图书名单，得以此次再版。德勤国资国企发展研究中心，一直关注和研究2013年以来的这一轮改革，此书是我们研究和实践经验的总结和精华。各章节涵盖了混合所有制改革、国企的人才市场化改革、国有资本投资公司和运营公司等热点课题，均从政策理解出发，以调查问卷的形式，明晰了国企改革第一线的现实挑战；将几十个改革项目的实践经验，浓缩为参考解决方案和实施案例，供读者借鉴。本书面世后，长期占据当当网国企改革类书籍销量排名第一位，所有经济类新书销量排名第三位。结合了政策理解与实践真知的特点，大概是本书能受到读者肯定的原因吧。

进入2018年，“从战略高度认识新时代深化国有企业改革的中心地位”“充分认识增强微观市场主体活力的极端重要性”等新提法，彰显国企改革的决心和力度进一步加大。我们看到，404家中央和地方国企参与试点的国企综合改革“双百行动”“创建世界一流示范企业”等一系列新的改革启动；国企改革从顶层设计进入了“施工高峰期”，同时也涉入了深水区。我们与时俱进，求真务实，再版时对各个章节都进行了相应的更新和修改，尤其是“思考三国企改革中怎样激发‘人才’这一要素的活力”“思考四如何改组和组建国有资本投资、运营公司”和“思考五国内外监管要求日趋严格和复杂，如何依法治企、合规经营”等章节，依据政策环境等的变化，更新修改篇幅较大。

国企改革是一项系统工程，1+N政策繁多、复杂程度高、实操难度大，存在诸多不确定性。改革进入深水区后，企业必然在实践中不断遇到新问题，而且问题越来越个性化、差异化。2018 年德勤创新推出国企改革转型实验室，由德勤引导师在长期政策研究的基础上，运用德勤方法论、大量案例积累和丰富的实际操作经验，引导企业的改革负责人和相关领导结合企业实际进行思考，共同对企业的改革进程进行全盘模拟和推演，最大限度地减少不确定性，增加改革成功落地实施的概率。德勤国企改革转型实验室强调量身定制、互动性、多专业“会诊”等，在改革深水区，和试点企业一起探索前行的道路。接触过德勤国企改革实验室的企业高管都对其赞誉有加。

国企改革是一项长期任务，唯有不断探索创新才能攻坚克难。除了国企改革实验室，德勤的国企改革系列丛书下一本也已经在酝酿之中，将包含国企创新、财务和人力资源的数字化转型等内容。德勤愿以不断创新与国有企业共同探索改革深水区，共同迎接更美好的未来。

德勤国资国企发展研究中心联席主任

博士

2019 年 2 月

序三

以专业服务助力国有企业做强做优做大

2016年7月，习总书记在国有企业改革座谈会上强调“国有企业必须理直气壮做强做优做大，不断增强活力、影响力、抗风险能力”。国有企业是德勤中国最重要的客户群体之一，德勤中国多年以来在服务国企的过程中积累了对国企客户的深刻理解；遍布150多个国家和地区的德勤全球网络也在不断分享全球最新的理论、方法和最佳实践，德勤有意愿有能力结合本土洞察和全球视野，以世界一流的全方位专业服务支持中国的国有企业做强做优做大，以更加积极主动的姿态参与全球价值链重塑。

德勤中国倾力支持新一轮国企改革和中国经济转型升级。新一轮国企改革一开始，德勤就作为第一家国际化专业服务机构，在2014年成立了多专业、跨部门的专门团队，系统研究国企改革和中国经济转型。过去三年多来，德勤中国国企改革服务团队为国务院国资委和三十多个省市级政府和国资委，提供了多项国际领先的实践专项研究、国资国企改革顶层设计、国企改革讲座和培训等智力支持，帮助100多家国有企业设计和实施了混合所有制改革、改组/组建国有资本投资运营公司、“一带一路”等项目。本次结集出版的《新一轮国企改革的思考与操作实务》一书正是从众多改革项目落地实施过程中洗练出的精华，期望与更多读者分享经验。

德勤国企改革系列报告以“国企转型升级的思考方向”开篇，提出了改革升级七大方向的综合思考框架，并提供了参考解决方案和五个案例。之后每辑关注一个改革中的热点问题：“聚焦混合所有制改革”“借力‘一带一路’国企国际化迈进新时代”“以‘人’为本，深化改革——从国企改革新一轮试点看国企人才体系转型”“改组和组建国有资本投资、运营公司的思考重点”“依法治企合规经营”均在政策解读和一手的问卷调研之后，针对国企面临的现实挑战，给出参考方案和实施案例。“以改革为动力砥砺前行——汽车行业国企改革研究”则是首次选取一个行业，从行业的角度看改革的影响和前景。希望本书既能启发思考，又能对解决现实中的挑战有所助益。

国企改革是一项系统性工程，复杂程度高。德勤通过与各级国资委、改革试点企业的专业交流和思想碰撞，通过 100 多个项目解决从政策到落地实施的经验，已经找到了以专业服务帮助国企做强做优做大的路径。德勤国企改革系列报告还会不断研究出版，计划中的课题有“创新驱动改革”“一带一路”背景下的国际化人才战略、“改革背景下的财务转型”等。德勤愿继续助力国企转型升级，提高管理水平，站上更高的国际舞台。

德勤中国副主席
德勤国资国企发展研究中心联席主任 洪廷安

目　录

开　篇

国企转型升级的思考方向

国企改革趋势和政策解读

1. 改革趋势分析

本轮国企改革发端于复杂多变的国际国内政治经济背景之下。从国际环境来看，世界经济尚处于复苏阶段，全球市场需求减弱，出口对拉动中国经济增长的贡献不复当年。就国企而言，一些西方国家提出“竞争中立性”等，对我国国企发展的透明性、经营专业性等提出更高的要求。从国内环境来看，经过之前30多年的高速发展，改革已经进入了深水区。经济增速放缓，过去的经济增长模式难以为继，中国经济进入重视增长质量更甚于增长速度的转型期。新一届政府首次将生态文明纳入发展纲领，同时加大对民生领域的投入，希望凭借以人为本的新型城镇化建设，拉动内需，增强经济发展的内生动力。

在上述背景下拉开大幕的本轮国企改革具有以下特点和趋势。

（1）根本目标。中共十八届三中全会提出，本轮国企改革旨在增强国有经济整体的“活力、影响力、控制力”[①]，为国计民生和国家战略服务。

央企和地方国企都需要考虑积极参与新型城镇化建设，提质增效，深化改革，以实现经济持续发展和社会和谐稳定。

国企的发展需要在自身增长速度与国企对于民生、环保和公共安全等领域所担负的社会责任之间谋求平衡。

2016年7月4日，习近平总书记在国有企业改革座谈会上强调“国有

---

① 中共十八届三中全会《中共中央关于全面深化改革若干重大问题的决定》。

企业必须不断增强活力、影响力、抗风险能力”，这与中共十八届三中全会提出的目标有所差异，意味着“抗风险能力的提升”也成了本次国企改革的重要目标之一，主要包括社会稳定风险和投资风险；另外，对于“控制力”的弱化，也预示着国资在国有企业中的控股地位存在调整的空间。

（2）最大特色。与前几次国企改革不同的是，为解决国企追求经济效益与承担社会责任之间间或出现的矛盾，本轮国企改革计划对国企实施分类监管。根据已出台的各省市改革文件，绝大多数将国企按不同功能分为竞争类、特殊功能类和公共服务类三类。但2014年底，国资委最终结合不同国企在经济社会发展中的作用、现状和需要，明确将国有企业界定为商业类和公益类，还提出分类推进改革、分类促进发展、分类实施监管和分类定责考核。

表0－1　国有企业分类

分类	子分类	功能定位	发展方向
商业类	商业一类	处于充分竞争行业和领域的国企	以经济效益为导向，增强国有经济活力，实现国有资产保值增值
	商业二类	关系国家安全、国民经济命脉的重要行业和关键领域，或处于自然垄断行业，经营专项业务，承担重大专项任务	政企分开、政资分开，特许经营、政府监管为主的改革
公益类	—	以社会效益为导向，以保障民生、提供公共产品和服务为主要目标的企业，产品或服务必要时可以由政府制定，发生政策性亏损时由政府给予补贴	进一步优化公益保障性的资源配置，加快推进主副分类改革，剥离非公益型业务

国资委同时也强调，企业的功能不是一成不变的，应该根据经济社会发展和国家战略的需要，结合企业不同发展阶段承担的任务和发挥的作用，在保持相对稳定的基础上，对企业功能定位和类别适时进行动态调整。

（3）主要途径。本轮国企改革以“市场化、专业化、国际化”① 为导向，通过“完善现代企业制度”②，增强国企活力和竞争力。各方信息表明，本次改革对国有企业的管理将转型为对国有资本的管理，不再对具体

① 《中共中央、国务院关于深化国有企业改革的指导意见》。
② 中共十八届三中全会《中共中央关于全面深化改革若干重大问题的决定》。

的企业事务和人事进行管理。

发展混合所有制经济，意味着国企将引入战略投资者，是民营资本、外国资本等投资国企的机会。混合所有制改革的目的是优化国企治理结构，盘活国有资产，而不是着眼于国企私有化。

国企将按照现代企业制度的要求，完善法人治理结构，改革人才激励机制，加大董事会对高管选聘和管理的权力，同时加强风险管理。

2. 政策解读

2015 年 8 月，党中央、国务院颁布了国企改革的纲领性文件《关于深化国有企业改革的指导意见》。几年来，国企改革顶层设计基本完成，出台 20 余个配套文件，形成“1 + N”政策体系、顶层设计和四梁八柱的大框架。从出台的文件表述来看，国企改革将沿着市场化的方向前行；监管层将进一步简政放权，逐步从“管资产”过渡到“管资本”；企业层面则将继续完善公司治理结构，引入各类投资者实现股权多元化，发展混合所有制经济，激发国企的活力。

表 0 –2　国企改革配套文件

序号	文件名称	发文单位	发文字号
“1”——顶层设计			
0	中共中央、国务院关于深化国有企业改革的指导意见	中共中央、国务院	中发〔2015〕22 号
“N”——配套文件			
其中文件 1 ~4 是带有四梁八柱性质的专项改革意见。其他文件主要是解决具体改革问题的专题改革方案和通知，以及工作分工等			
1	国务院关于改革和完善国有资产管理体制的若干意见	国务院	国发〔2015〕63 号
2	国务院关于国有企业发展混合所有制经济的意见	国务院	国发〔2015〕54 号
3	关于在深化国有企业改革中坚持党的领导加强党的建设的若干意见	国务院	中办发〔2015〕44 号
4	国务院办公厅关于加强和改进企业国有资产监督防止国有资产流失的意见	国务院	国办发〔2015〕79 号
5	关于深化中央管理企业负责人薪酬制度改革的意见	中共中央办公厅	中发〔2014〕12 号

续表

序号	文件名称	发文单位	发文字号
6	关于合理确定并严格规范中央企业负责人履职待遇、业务支出的意见	中共中央办公厅	中办发〔2014〕51号
7	关于鼓励和规范国有企业投资项目引入非国有资本的指导意见	发改委	发改经体〔2015〕2423号
8	关于国有企业功能界定和分类的指导意见	国资委	国资发研究〔2015〕170号
9	国务院办公厅关于推动中央企业结构调整与重组的指导意见	国务院	国办发〔2016〕56号
10	国务院办公厅关于建立国有企业违规经营投资责任追究制度的意见	国务院	国办发〔2016〕63号
11	国务院办公厅关于进一步完善国有企业法人治理结构的指导意见	国务院办公厅	国办发〔2017〕36号
12	关于国有控股混合所有制企业开展员工持股试点的意见	国资委	国资发改革〔2016〕133号
13	企业国有资产交易监督管理办法	财政部	国资委、财政部令第32号
14	关于完善中央企业功能分类考核的实施方案	国资委、财政部	国资发综合〔2016〕252号
15	国务院关于印发《加快剥离国有企业办社会职能和解决历史遗留问题工作方案》的通知	国务院	国发〔2016〕19号
16	贯彻落实《中共中央国务院关于深化国有企业改革的指导意见》重点任务分工方案	中共中央办公厅	厅字〔2015〕28号
17	关于国有企业改革试点工作事项及分工的方案	国资委	国资发研究〔2015〕1276号
18	关于支持国有企业改革政策措施的梳理及建议	发改委	发改经体〔2015〕3103号
19	关于开展落实中央企业董事会职权试点工作的意见	中共中央办公厅	厅字〔2017〕18号
20	关于转发《国务院国资委以管资本为主推进职能转变方案》的通知	国务院	国办发〔2017〕38号
21	关于印发《中央企业公司制改革工作实施方案》的通知	国务院	国办发〔2017〕69号
22	贯彻落实《中共中央国务院关于深化国有企业改革的指导意见》改革举措工作计划	国资委	国资发研究〔2016〕21号
23	国务院关于推进国有资本投资、运营公司改革试点的实施意见	国务院	国发〔2018〕23号

为落实“1＋N”政策体系，截至2017年底，中央部委层面出台了102个配套文件，各个地方为落实“1＋N”文件出台了926个配套文件，[①] 中央企业和各地方国有企业也根据自己改革的要求，制定了很多实施方案和操作细则，推动了国有企业改革向纵深推进。

2014年7月，国务院国资委公布“四项改革试点”，包括：改组国有资本投资公司，发展混合所有制经济，董事会行使高级管理人员选聘、业绩考核和薪酬管理职权和派驻纪检组。这标志着国企改革迈出了实质性步伐，从政策制定进入试点实施阶段。2016年2月，国务院国企领导小组决定开展第二批“十项改革试点”，包括落实董事会职权、市场化选聘经营管理者、推行职业经理人制度、企业薪酬分配差异化改革、国有资本投资运营公司、中央企业兼并重组、部分重要领域混合所有制改革、混合所有制企业员工持股、国有企业信息公开及剥离企业办社会职能和解决历史遗留问题，较之前公布的“四项改革试点”范围更加宽泛、内容更加明确，表明了国家进一步深化和落实国企改革的决心。

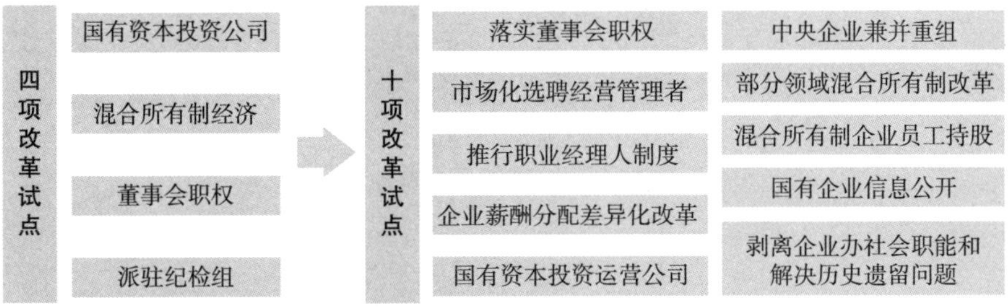

图0－1　从四项到十项改革试点

试点的目的，首先是通过试点和企业一起探索破解改革难题；其次，通过试点进一步总结经验；最后，通过试点以点带面，有序推进改革，并特别强调推进过程中“因企制宜、一企一策”[②]。为了进一步加大国企改革推动力度，2018年8月，国务院国资委下发《国企改革“双百行动”工作

---

① 2017年9月28日“十八大以来国企改革情况发布会”上国务院国资委主任肖亚庆答记者问。

② 国资委2014年7月15日新闻发布会公告。

方案》，共有404家企业入围“双百行动”企业名单，其中中央企业及其子公司200多家，地方国企近200家。国资委要求，入选企业在2018—2020年实现“五大突破、一个加强”的综合改革目标，即在股权多元化和混合所有制改革、法人治理结构、市场化经营机制、激励机制以及解决历史遗留问题方面要实现突破，同时要全面加强党的领导。“双百行动”标志着新一轮国企改革由点到面全面铺开，深化国企综合改革的工作进一步提速。

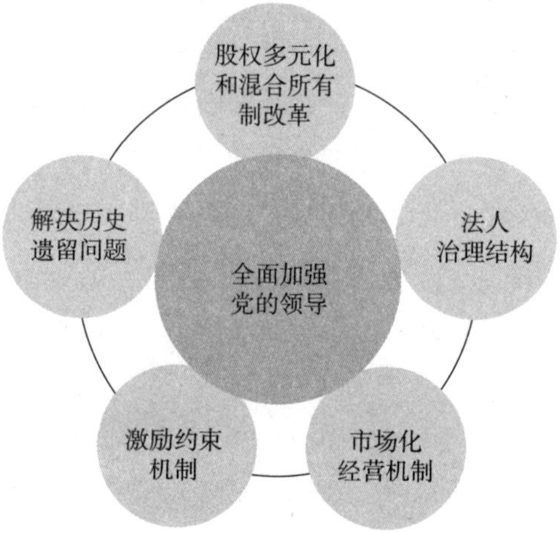

图0-2　综合改革目标

国企转型升级重在修炼内功

国企改革是一个极其复杂的课题，国企的转型升级和长期稳定发展也不是仅仅通过“混合所有制”“分类监管”等热点就能实现的。在市场竞争加剧、能力要求提高、新技术改变竞争环境和手段的大背景下，国企要实现长远发展，现在面临的挑战主要包括以下内容：

（1）如何管理发改委、国资委等监管机构非公股东、社会大众和内部干部员工等利益相关者的不同期望。

（2）根据利益相关者的期望和要求及本轮改革的分类监管原则，未来如何重新进行战略定位。

（3）如何构建与混合所有制相适应的法人治理结构。

（4）大型国企集团和下属企业未来如何分别进行功能定位，完成从管企业到管资本的转型，实现财务和非财务的目标。

（5）如何通过创新和并购重组能力实现有机和非有机的持续稳定增长。

（6）如何识别和防范重大风险，同时不放缓增长态势。

（7）如何通过合适的绩效体系和激励机制，识别、保留并发展高管和核心人才。

（8）如何利用数字化、社交媒体等信息化技术，落地实施改革措施并打造竞争优势。

德勤认为，只有着眼长远，同时综合解决国企发展的内外部挑战，才能破解国企改革难题，完成国企的转型升级。针对上述挑战，德勤提出了国企转型升级思考方向，包含企业发展的顶层设计、战略定位和管控运营，直至实施落地的框架，可以协助对国企转型升级过程中出现的主要管理要素进行综合思考，并提供参考解决方案。

德勤对国企转型升级主要管理要素的思考方向和建议的解决方案，总结如表0－3所示。

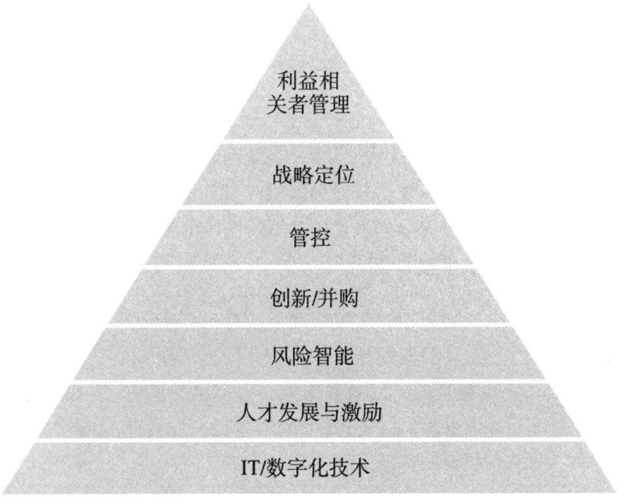

图0－3　国企转型升级思考框架

表0－3 主要管理要素分析

主要管理要素	思考方向	建议的应对方案
利益相关者管理	社会舆论、监管机构、非公股东等不同的利益相关者对国企有不同的期望和要求，需要国企做出不同的应对；国企转型势必导致股权多元化，混合所有制企业股权结构、治理结构复杂化。应完善法人治理结构模式，保障各投资主体话语权和投资利益分配	利益相关者（合规）体制设计 法人治理结构和机制设计
重新审视战略定位	在国企改革大背景下，企业应根据利益相关者的期望和要求及自身监管分类，尤其是竞争性国企需要根据自身业务组合与竞争优势进行战略重新定位，通过产融结合等方式，不断发展创新企业集团创造价值的方式，从而实现转型升级	企业转型升级战略 产融结合运营模式设计 战略投资者筛选 平衡增长和企业社会责任的机制设计
企业管控	随着国企的整合重组，将不断涌现大型企业集团，集团化企业将由“运营管控”向以资本纽带为联系的“战略管控”转变。通过梳理管控体系、健全优化管控模式，明确集团与下属企业的权责划分，打造国企改革背景下，各职能管理的能力要素模型，通过先进的财务工具提升企业统筹管控能力，助力管理移植	企业管控体系的设计与优化 企业卓越管理中心（COE）的构建 财务共享服务中心（SSC）的设计与构建
并购重组	并购/重组是国企非有机增长的方式，也是实现混合所有制的重要途径。国企并购/重组可考虑横向或纵向整合资源，操作时应注意行业差异、地区改革政策方向差异和并购交易方式的差异，做不同的安排	企业财务重组 并购全生命周期整合性能力提升（含并购战略、商业/财务/税务/法务尽职调查、并购后整合等）
创新	在现有的国内外形势下，国企的有机增长之路唯有创新。德勤所说创新不仅指技术创新和产品创新，更重要的是用户体验与商业模式创新。不同类型的创新组合，才有更大的成功可能	企业创新能力与体系建设 企业研发战略规划与创新产品开发
风险智能	在国企转型升级背景下，内控管理也应升级，由传统的被动合规到主动的风险应对。有效的风险管理体系能帮助企业控制发展的方向和速度，内容包括事前、事中和事后风险管理，但核心和重点是事前风险管理，同时兼顾鼓励创新的容错机制	风险管理体系构建 被动合规到主动应对的内部控制升级

续表

主要管理要素	思考方向	建议的应对方案
人才发展与激励	人才发展是国企改革发展的有力支撑，一切改革升级都依赖于人才来实现。国企应引进市场化人才管理机制；建立国企高管的长效激励约束机制；国企高管的薪酬，要区分上级任命的高管和市场化招聘高管的不同身份，综合考虑行业特色和地区差异来确定	高管薪酬与绩效体系设计和构建 股权激励计划 国际化人才培养体系构建
数字化、信息化技术	信息化和数字化技术是国企改革实施落地的手段。所有改革措施，都要依靠信息化和数字化技术来固化为流程，才能实施落地。数字化浪潮正重塑企业的竞争环境、盈利模式和竞争手段等，中国企业应采用“基于价值为导向”的顶层设计实施方式，将战略和愿景纳入考虑范畴，才能真正成功地实现企业的数字化转型	云计算、大数据战略规划和平台建设 以移动互联网为代表的数字化转型战略规划和实施 “以价值为导向”的信息系统建设

以下我们将通对 5 个案例的解析，来具体说明国企转型升级的实现方式。这些案例既结合了本轮改革的部分热点，也着眼于过去的成功经验总结，可作为借鉴参考。

[案例一]

产融结合助力国企改革升级

背景

该国企为传统行业企业，大部分的供应商和客户均为个人用户（农户和终端消费者），受限于个体经济能力发展的制约，农户扩产的经济投入受到限制，难以匹配企业的规模扩张；企业的资产使用和管理效率受到了一定的限制。该企业转变企业价值创造模式，依托于金融机构资源，激活管理活力，通过向上下游客户提供的定制金融业务促进主业的协同发展。

挑战

供应商资质体系的建立和安全性控制，业务预期规模与银行需求的匹配，管理团队对业务运营和金融市场的充分熟悉，如何实现资产效率和管理效率的提升，促进价值创造。

方案

企业牵头联系农户和商业银行，商业银行为农户合作社提供贷款以购买农资，企业向农户提供标准化种植指导、集中收购农户产品并直接从收购款中代扣代还农户合作社贷款。这一模式较好地撬动了金融机构资源，不局限于企业自身资金支持业务发展，而融资所得既保证了农户投入农业生产所必需的资金，又控制了商业银行的贷款风险和企业管理风险；同时，三方产融合作模式从农产品产量和质量上保障了加工企业的原材料供应，通过形成上下游一体的依赖提高企业的资产效率。

经验总结

1. 利用社会资本加速产业扩张。企业凭借现有产业资源，利用社会资源中金融资本的力量，通过财务杠杆，改变价值创造方式，加速扩张发展进程。借助金融资本解决了企业发展新业务/创新过程中自有资金紧缺的问题。

2. 利用现有能力和金融资源的结合，协同主业发展，提升企业管理效率，最大化产融结合效果。企业需要充分利用金融资源所带来的增长机会，提升内部管理效率的应用，实现企业的可持续发展。企业产融结合，不是单纯的产业和金融的混合，而是需要借助主业的资源优势和金融的杠杆作用，建立紧密的协作机制，激发企业活力，将现有的资产效率最大化发挥；同时要高度重视产融结合带来的经营风险，建立起风险防范机制和风险预警系统，针对可能的风险准备好应对的措施。

[案例二]

并购重组实现混合所有制

背景

该国企国内市场收费上调受政策限制，为提升盈利，欲进一步优化公司的海外投资组合和全球化布局，积极实施全球化并购策略。该国企收购了S国某公司及其在A国开展能源全产业链业务的部分股权。此次收购是该国企首次在海外成功投资能源资产，亦是该国企迄今为止规模最大的投资项目。

挑战

交易涉及资产规模巨大，涉及的利益关系错综复杂，需要财务、税务、法律等多领域专业人员参与；国企自身团队对当地的法律和监管环境及行业等情况不熟悉，容易给交易造成风险；直接找S国和A国当地的专业服务机构帮助的话，对国企自身协调和项目管理能力要求高，成本也高。

方案

由跨国服务团队中的中国团队负责项目总协调及领导，并由A国以及S国团队通力配合，为交易提供了优质的全方位财务顾问和税务法律等服务，包括提供财务及税务尽职调查，税务架构规划咨询以及交易谈判支持。经过一系列艰苦细致的努力，双方于2013年5月签署股权购买协议，并于7个月后获得A国政府的批准。

经验总结

1. 国企海外并购是利用全球平台优化资源配置，做大做强的方式。但是如果不熟悉当地的税务、法律法规和行业内情，则会给并购带来巨大风险和隐患，极易导致失败。本案例中，有熟悉当地监管环境和法律环境而且行业专精的A国以及S国团队参与，保障了交易的成功。同时中国团队对项目的协调和领导，保证了项目始终贯彻该国企战略意图和目标，按时顺利进行。全球网络+本土专精的优势护航国企海外并购成功。

2. 由于交易涉及的利益关系错综复杂，对行业的深刻理解和丰富经验，以及领先一步的战略考量和快速反应成为交易成功的关键，凭此多次赢得重要节点上的最大化利益，最终顺利完成交易。

3. 并购交易涉及战略、财务、税务、法律，有的交易甚至涉及人力资源和IT，需要由多个专业背景团队构成并购交易全生命周期整合性能力，及时解决整个并购交易过程中的各种现实问题。

[案例三]

资产和业务重组扭转经营和债务危机

背景

2008年金融危机之后全球航运业行情不景气，航运需求持续疲弱，市场运价大幅下跌并持续徘徊于低谷。该企业由于在金融危机前过度依赖负债进行扩张，近年来连续亏损，无法偿付到期债务，已面临退市甚至破产的风险。

挑战

如何进行资产和业务的重组消除亏损源，恢复企业经营盈利能力；如何应对债务危机，减轻债务负担；寻找突破口重新恢复上市，应对因退市造成的资本市场危机。

方案

1. 对公司的经营、盈亏情况及资产负债、现金流情况进行摸底分析，制订资产剥离计划（包括但不限于业务和资产的剥离及处置）和未来经营计划。

2. 基于未来的经营重组计划，对公司实施重组计划的财务结果以及需要的资金和其他支持条件进行了测算和分析。

3. 基于对重组计划的财务测算，提出应对公司各种危机的综合重组方案——业务优化、资产剥离、债务削减和引入投资人，并对实施的路径和风险因素进行了探讨，以协助控股股东决策。

经验总结

1. 由于行业周期性波动，管理层的经营战略不清，或管理方式粗放、单纯追求规模扩张导致企业连续巨额亏损、面临资金链断裂或退市风险的例子并不少见。本案例中为了综合解决公司的经营危机、资金危机以及退市危机，通过全方位的重组方案，包括“造血”（自身业务的优化）、“止血”（不良资产剥离、债务削减）和“输血”（引入投资人），扭转了亏损局面，并成功度过了各种危机。

2. 在混合所有制股权结构下，重组方案和实施路径必须取得各利益相关方的支持才能成功。经过对公司财务表现的分析及对未来经营的测算，制定重组方案时提出多套备选方案，并就不同方案对公司自身、股东、债权人的影响进行测算及分析，以确定能够平衡各方利益的最终方案，使管理层对重组和脱困方向形成了一致性意见。确保公司在该方案下通过综合性手段重组，实现扭亏为盈，从而成功应对各种危机。

[案例四]

法人治理结构完善、管控体系优化和组织机构变革实现管理能力提升

背景

该企业为大型投资管理集团，下属子公司覆盖能源、制造、贸易等行业，随着企业的发展壮大，陆续有新的二级和三级企业并入，企业原有的“事项型”管理体系难以继续支撑未来的发展，集团管控力未能得到充分发挥；而缺乏标准化的管理体系也存在较高的整合和管理成本，需要不断梳理管理机制，完善管理体系，实现“二次创业”目标。

挑战

在子公司先成立、集团后成立的情况下，如何推进集团和下属公司的管理定位，促进业务发展而又有效控制风险；如何识别关键管理要素，构建清晰的管理机制，建立可供移植的管理机制；如何在现有人员不改变的情况下，完善企业人才培养机制，实现企业的可持续发展。

方案

1. 完善公司法人治理体系，在项目经理责任制的基础上，逐步推行责任董事制度，规范“三会一高”的职责定位和管理机制，并利用

将管理要求纳入公司章程等管理办法，发挥专业部门的作用，工作内容有章可循，与企业法人治理结构顺畅衔接，运转效果良好。

2. 提炼各职能管理要素，明确管理要求，实现职能管理的可移植。全面梳理集团管理职能，完善和优化管控体系，通过权责划分和制度体系搭建明确各层级管理责任，同时将相应的责任体系打造成标准化管理模板，为后续的管理移植提供基础，从而在实现集团扩张目标的同时，确保管理风险的控制；通过职能体系的完善，职能部门由后台走到前台，由被征求意见、协助实施变为提出独立意见和具体实施意见，体现了专业化管理的方向和要求。

3. 根据不同业务板块的特点，梳理和调整职能部门和子公司的组织机构变革和人力资源管理体系，确保管理体系效率和风险控制兼顾，以更加适应业务发展和管理要求。

经验总结

1. 集团化。以企业整体价值最大化为前提，基于法人治理体系原则，以总部管控为核心、子公司管理为重点进行控制，实现集团资源共享，提升综合竞争优势。

2. 专业化。结合企业运行需要，对战略管理、全面预算管理、基建管理、生产经营管理等10大管理领域进行了专业化管理设计，深化总部和子公司的专业化管理职能，理顺各项职能管理界面，实现管理专业化和高效化。

3. 标准化。综合梳理各行业企业管理特点，基于集团价值最大化原则，确定“集团—子公司—投资企业”管理要素体系，形成集团管理标准化体系，不仅实现了对现有企业的有效控制，同时又形成企业管理文化，快速对新并入企业进行管理移植，实现了企业的可持续发展。

4. 注重管理变革。在整体管理提升过程中，持续关注管理变革对企业业务运行和员工带来的影响，通过宣导、培训和座谈等方式积极疏导和解决消极因素，实现变革效果的最优化。

[案例五]

高管团队绩效、薪酬、长期激励机制的建立助力国企重组后的整合

背景

区域性大型国有企业，整合重组后的经营管理团队管理机制亟待优化。

挑战

重组后的企业多元文化冲突，管理团队绩效考核理念缺乏，薪酬发放体系不清等。

方案

通过行业分析、战略解读及高层研讨会等方式，该企业厘清了重组后的经营管理团队职责，引入绩效考核文化并搭建了与市场接轨的绩效考核体系，且进行了薪酬优化，设计了引入长期激励机制的方案——公司通过管理层增资扩股实现管理层持有一定数量的公司股票，在限售期内管理层不得随意转让或出售。待成功上市之后，该部分股票将转化为新成立上市公司的股票，在满足约定条件之后可以出售转让。

经验总结

1. 国企重组或投资并购之后，不同的文化、不同薪酬体系的冲突是相当常见的问题，也是关系到并购重组能否成功的关键问题之一。基于市场化的人才管理理念和方式，建立统一且科学合理的绩效考核体系是规范化人才管理的第一步，进而优化薪酬体系和激励机制，为企业的长期稳定发展保留和发展人才。

2. 加大国企高管市场化选聘比例和提升竞争类国企高管的薪酬及激励是本轮国资国企改革的亮点之一。如上海市的《国资国企改革二十条》明确，“完善市管国有企业领导人员薪酬体系，符合条件的竞争类企业实施股权、现金两种类型的中长期激励”。国际通

行的高管激励约束机制也包括高管长效激励的回溯机制，即如果出现公司业绩明显下滑，或者高管个人行为不端，就应该追溯已经支付的部分薪酬，或者扣除延期支付的部分薪酬，使经营者与股东收益共享，风险共担。

3. 考虑到中国的实际，一个完善的国企高管长期激励约束方案，还应包含风险和容错机制，以创造鼓励创新，接纳风险的氛围。上海市在《国资国企改革二十条》之后出台的“三个视同于”细则（即对企业符合条件的研发投入、创新转型费用、境外投资项目费用，均视同于利润），在操作层面上解决了国企领导人创新的后顾之忧，为改革创新铺平了道路。

德勤说

随着本轮国企改革进入深水区，具有操作指导意义的相关配套政策正在紧锣密鼓地制定。但无论政策如何进展，国企转型升级的关键都在于全面提高企业经营管理能力和水平。不能只考虑改革热点，点对点地解决问题，而应当从顶层设计出发，考虑利益相关者的期望和要求，并综合考量战略定位、管控方式、并购重组或是创新的增长方式，提升风险管理意识和能力，引入市场化的人才管理和激励机制，积极利用信息化新技术，综合提升国企能力，实现长远发展。

国际国内形势风云变幻，对国企来说，既是挑战也是机遇。在下文中，我们将进一步从战略思考向实务操作延伸，分析总结国企改革中的经验与教训，以期协助国有企业借助本轮改革的东风，通过转型升级增强自身竞争力，在改革的路上不断攀上新的里程碑。

本章于2014年9月在德勤中国官方网站首次发表，2018年9月修订。

思考一

混合所有制改革怎么看？怎么办？

混合所有制改革的背景——为什么混

国家推动本轮国企改革的根本目的，是在改革进入深水区，中国经济迈入新常态，利益、思想日益多元化的社会大背景下，增强国有经济整体的“活力、影响力、抗风险力”，为国计民生和国家战略服务。

进行混合所有制改革的根本目的，是要激发国企的活力和竞争力。中国经济未来发展的基调是以提升增长质量为重点的结构性调整。实体经济经历了过去几年由于全球经济萧条和国内成本剧增等不利因素导致的“寒冬”，产能过剩进一步导致企业缺乏投资和创新的动力。在不利的经济环境下，我们可以看到整体国有企业的盈利能力明显下降。在 2008 年全球金融危机爆发之前，国企的盈利能力实际上强于民企，近年来已经接近。也就是说，对于一份给定资产，民企产生的收入高于国企，而两者从单位收入中赚取的利润几乎相等。而在金融危机之后，民企的资产回报率大幅升至 11%，而国企资产回报率有所下降，近年徘徊于 5%。我们从其他数据来源看到的结论基本相同。这一差异源于民企更加市场化的管理机制，在市场情况发生变化时，能更快速灵活地进行调整。

国家希望通过混合所有制，引入民企灵活的市场应对机制和管理体制创新，激发国企的活力和竞争力，同时带动非公有制经济的发展。混合所有制不是“为混而混”，对于许多国企来说，缺的不是钱，是活力。对非公有制经济来说，1997 年党的十五大确立公有制为主体、多种所有制经济共同发展的基本经济制度，十八届三中全会更是明确了国有资本、集体资本、非公有资本等交叉持股、相互融合的混合所有制经济是基本经济制度

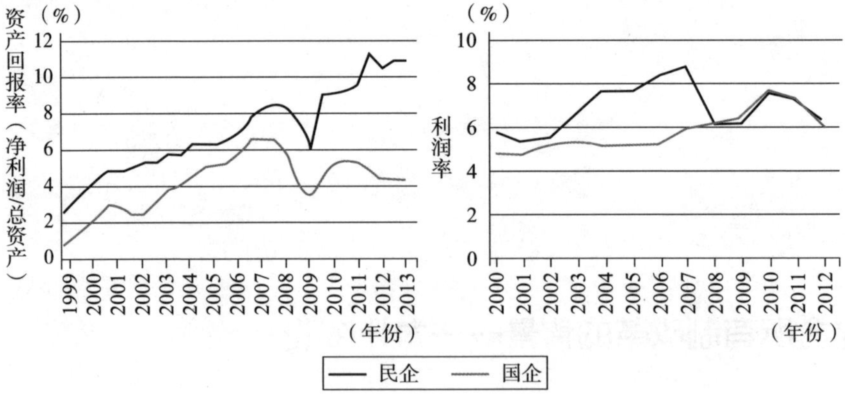

图1－1 国企和民企的资产回报率和利润率对比

资料来源：卡内基国际和平基金会高级研究员黄育川2014年11月26日在《金融时报》的撰稿《中国国企改革难有实效》。

的重要实现形式①。混合所有制正是非公有制经济深度参与国企改革，利用国企成熟的平台、品牌、技术和渠道，结合私营部门的灵活机制和内在驱动力，实现共同发展的机会。

2015年9月，国务院印发《关于国有企业发展混合所有制经济的意见》。该意见作为《中共中央国务院关于深化国有企业改革的指导意见》的配套文件，提出了国有企业发展混合所有制经济的总体要求、核心思路、配套措施及组织实施的工作要求；其中明确将分类分层推进国有企业混合所有制改革，稳妥推进主业处于充分竞争行业和领域的商业类国有企业混合所有制改革，有效探索主业处于重要行业和关键领域的商业类国有企业混合所有制改革，引导公益类国有企业规范开展混合所有制改革。

进行混合所有制改革的背后考量有三：①通过治理结构的科学化、透明化，以更加市场化的方式让国企更有效地参与竞争并履行社会责任。②提高国企的资产回报率，改善国有资产效率。③让国企在市场化条件下保持有盈利的持续增长，不再仅仅依靠政策和政府关系盈利。

① 中共十八届三中全会《中共中央关于全面深化改革若干重大问题的决定》。

混合所有制改革的主体——谁能混

本轮国企改革的最大特点就是对国企进行分类监管，不同类别的国企有不同的功能定位和发展目标。国企分类也是混合所有制等改革的前置措施，即明确哪些领域是非公资本有望进入的。

2015 年 12 月，国资委、财政部、发展改革委《关于国有企业功能界定与分类的指导意见》正式公布，明确将国有企业分为商业类和公益类，在发展方向、监管方式和考核方式上，两类国企都将分类施策。

表 1－1 分类改革相关政策

分类	子分类	功能定位	分类政策
商业类	商业一类	处于充分竞争行业和领域的国企	原则上都要实行公司制股份制改革，积极引入其他资本实现股权多元化，国有资本可以绝对控股、相对控股或参股，加大改制上市力度，着力推进整体上市
	商业二类	关系国家安全、国民经济命脉的重要行业和关键领域，或处于自然垄断行业，经营专项业务，承担重大专项任务	要保持国有资本控股地位，支持非国有资本参股，要以“政企分开、政资分开、特许经营、政府监管”为原则积极推进改革，根据不同行业特点实行网运分开、放开竞争性业务，促进公共资源配置市场化
公益类	—	以社会效益为导向，以保障民生，提供公共产品和服务为主要目标的企业，产品或服务必要时可以由政府制定，发生政策性亏损时政府由给予补贴	可以采取国有独资形式，具备条件的也可以推行投资主体多元化，还可以通过购买服务、特许经营、委托代理等方式，鼓励非国有企业参与经营

在此之前，由于政策尚未明晰，商业一类的省级国企一直是混合所有制改革的主战场。2016 年 11 月，国家发改委公布第一批 9 家央企混改试点，包括东航集团、联通集团、南方电网、哈电集团、中国核建、中国船舶、中国国航、中国建材等企业。2017 年 3 月，国家发改委公布了第二批 10 家央企混改试点。前两批 19 家试点企业，正式拉开了央企在电力、石油、天然气、铁路、民航、电信、军工“七大重点领域”的混改。2018 年

8月公布的《国企改革“双百行动”工作方案》将股权多元化和混合所有制改革纳入“五大突破”之一，试点数量增加到404家，混合所有制改革已全面铺开。

此处有两个误区需要厘清。首先，混合所有制改革不能理解为“私有化”，改革过程中在不同的行业和类别的国企中，可能会产生“国进民退”或“国退民进”的结果，但这都是国资优化布局的手段，是为了达到增强国企整体的“活力、影响力、抗风险力”的最终目的。其次，虽然有些省市规定对竞争性国企的国有股权比例不设下限，但并不意味着一定要放弃国有控股。

混合所有制改革的对象——跟谁混

非公经济有三种：非公企业、社会资本（资金）和自然人资本。国资委研究中心副主任彭建国也建议，混合对象为非公企业的话，最好是两类企业[①]。

（1）行业巨头，特别是国际巨头，让国企可以借鉴领先的管理思维和经验。

（2）有技术优势或产品优势但资金不足、规模不大的成长型小企业，以实现优势互补。

混合对象如果是资本的话，需尽可能地发挥社会资本的作用，鼓励国有企业与产业基金进行混合。同时在混合过程中要打破所有制、层级、产业及国界限制等界限。国资委研究中心主任楚序平则有不同的意见，建议混合所有制对象应优先考虑社保基金、保险基金等公众基金，优先选择中国投资者。

在选择跨国公司合作时，我们必须要谨慎。过去“用市场换技术”的方式，结果证明不尽如人意。跨国公司是否真正投入技术和管理是要重点考察的内容。和民企混合时，要注意防止短期行为或利益输送等问题。

---

① 国务院国资委研究中心副主任彭建国2014年12月在借助资本市场规则，助力混合所有制改革研讨会上的讲话。

国企在选择混合所有制改革的对象时，也要“一企一策”，不是为混而混。首先要分析自己的业务实际和长期战略需求，是需要引入资金做大做强；还是需要引进管理经验，提高治理水平；或是需要补充某些能力，向产业链上下游延伸。在此基础上，有方向、有目的地去筛选混合对象。例如，在中石化销售公司混改中，引入加拿大零售商 Alimentation Couche-Tard，希望在非油品零售业务上可以借鉴提升；引入腾讯是希望在新兴的 O2O 业务上有所布局和建树。

当然，每家企业的情况不同，其成功的案例不可复制。但国企都应借此混合所有制改革的契机，主动引入资金、新技术和创新的管理机制等，增强活力，减少对政府资金和资源的依赖，在市场化中实现可持续发展。

混合所有制的几种实现方式——怎么混

在已经公布的各省市国资国企改革文件中，一共谈到了混合所有制的 5 种实现方式：开放式改制重组、整体上市或核心资产上市、员工持股、引入基金进行产权制度改革和引入战略投资者。

开放式改制重组

开放式改制重组是通过业务、资产以及债务等要素的重新组合，优化业务和资源配置、减轻包袱、提高国企竞争力。例如，天津的国资国企改革方案提出按照产业相近、行业相关、主业相同的原则，通过合并、划转、并购等多种方式，推进国有企业重组；上海提出推动国有控股上市公司、非上市公司开放性市场化重组整合等。国企实施开放式重组首先要厘清发展战略，整合组织架构、资产负债和人员等运营平台，采取资产剥离、人员分流、挂牌转让及债务重组等多种手段。

[案例一]

企业面临的问题：2008 年金融危机之后，全球航运业景气度一泻千里。因航运牛市积累的巨量造船订单陆续交付，而航运需求持续疲弱，海运价格自2008年后出现断崖式下跌并持续徘徊在低谷。

由于大量运力在金融危机后陆续交付以及运价的持续低迷，某航运业央企2010年以来连续3年亏损。于2014年6月被上海交易所摘牌，成为央企退市第一股，公众股东强烈不满。同时，投资船队积累的高额负债在船舶交付后开始还本付息，但运价低迷导致经营现金流无法支持。企业最终陷入债务违约，经营停顿，面临破产清算。

在分析了企业所处各细分市场的状况以及各业务板块经营情况的基础上，企业梳理出核心业务、核心竞争力以及未来的战略定位；基于企业的资产、负债现状设计了包括业务重组、债务重组在内的重整计划，以消除亏损源，重建企业核心竞争力，恢复和提高企业的价值。

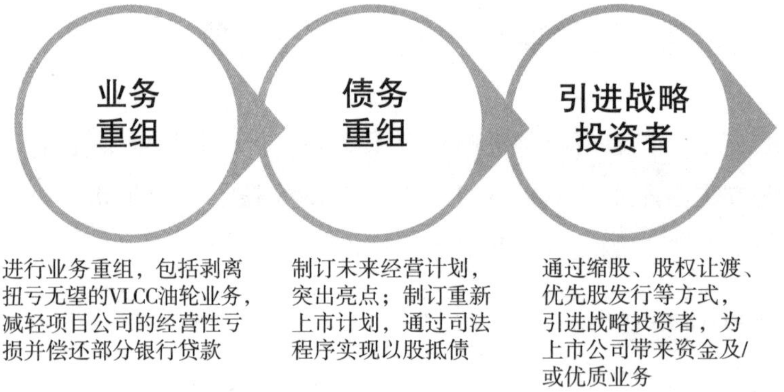

图1－2 业务和债务重组

企业的重整计划以及未来的市场价值得到债权人的一致认可。在司法程序中，100%的有财产担保债权人以及96%的普通债权人表决同意了重整计划，企业成功实现了亏损业务的剥离并以股票抵偿超过60亿元计息债务，避免了企业破产且切实减轻了负担。基于总体战略定位，企业对留存的业务、人员等各种资源加以整理，制定业务发展方案、冗余人员安置及分流计划等，为业绩改善、重新走向资本市场打下基础。

整体上市或核心资产上市

首次公开上市（IPO）既是混合所有制最重要的实现形式之一，也与混改目标高度一致。首先，重庆、湖南、广东、黑龙江等不少省市改革文件都有国有资本证券化率的目标。其次，混合所有制的其他实现方式，如引入战略投资者，最终也可能以 IPO 的方式退出；而对员工/管理层持股的实现形式来说，上市过程常常也是完成人员激励的过程，有利于激发企业活力，实现混改目标。最后，股票市场对财务、股东等的要求，更能帮助企业在上市过程中优化治理结构，规范管理，更加市场化。企业考虑上市之时，要先选择准备到哪个市场上市，在哪个板块上市，其各有不同的要求和优劣势。

［案例二］

某央企欲拆分非洲业务上市。在股份公司设立方式、上市地的选择、审批路径等方面进行了比较分析后，形成了三个可选上市方案，通过对比三个方案，优先考虑按其中的两个方案做准备。

	整体重组改制H股上市	境外资产重组H股上市	境外资产重组红筹上市
估值水平及融资规模	整体估值水平可能被拉低，但由于资产规模大，未来盈利预期极高，预计整体融资规模将较高	享受资源开发板块高估值，融资规模略小	享受资源开发板块高估值，融资规模略小
后续融资便利性	除股东大会批准外，还需要中国证监会审批，后续融资灵活性和时效性可能会受到一定的制约 可利用境内资本市场（如公司债）进行融资	除股东大会批准外，还需要中国证监会审批，后续融资灵活性和时效性可能会受到一定的制约 可利用境内资本市场（如公司债）进行融资	仅需公司股东大会审批，灵活性较高
股份流动性	持有的国有股不可流通	持有的国有股不可流通	全流通 且公司通过SPV公司持有上市公司股份，未来资本运作更加便利
A股回归	可择机回归A股，并对境内上市公司进行整合	时机成熟时也可考虑回归A股	红筹公司回归A股目前仍存在不确定性，尤其要对A股上市公司进行整合难度较大
初步建议	优先考虑 立即开展方案进一步论证及与监管部门的沟通工作	暂不考虑	优先考虑 根据与监管部门沟通情况，考虑采取境外资产重组红筹上市方式，保证公司3年内完成融资的目标

图 1－3　上市方案比较

员工持股

员工持股是备受关注的混合所有制的实现形式。在中央层面，2016 年 8 月，国务院国资委公布《关于国有控股混合所有制企业开展员工持股试点的意见》（以下简称《意见》），对开展员工持股试点涉及的试点企业条件、持股员工范围、出资入股方式、入股价格、股权结构、持股比例、股权流转等关键事项，都提出了明确要求。《意见》明确试点级别为央企三级以下控股企业，国有参股企业的员工持股不适用，中央二级以上企业及省级国有一级企业原则上暂不开展员工持股试点。同时，说明了开展试点企业的条件：一是主业处于充分竞争行业和领域的商业类企业；二是股权结构合理，非公有资本股东所持股份应达到一定的比例，公司董事会中有非公有资本股东推荐的董事；三是公司治理结构健全，建立市场化的劳动人事分配制度和业绩考核评价体系，形成管理人员能上能下、员工能进能出、收入能增能减的市场化机制；四是营业收入和利润 90% 以上来源于所在企业集团外部市场。《意见》还规定，员工持股总量原则上不高于公司总股本的 30%，单一员工持股比例原则上不高于总股本的 1%。

在地方层面，江苏、江西、湖北、广东等省的国资国企改革文件中均提及员工持股，广东省之后还配套出台了《关于体制机制改革创新试点企业一企一策方案制订工作指引》，对员工持股的范围、比例、价格、来源等做出框架性指引。

无论中央还是地方的员工持股政策，可注意的有两点：一是尽量在增量上操作，不碰存量，可以最大限度地避免国有资产流失的问题；二是本轮改革中的员工持股并不是福利性质的全员持股，而是为了调动人才积极性，激发企业活力而实施的核心人才和高管的持股计划。企业实施员工持股计划需综合考虑对象范围、激励额度、购股价格、是否分批授予、股权退出机制等多个关键要素，而最重要的是两个方面：在何层面进行持股（上市公司高管持股还是子公司层面持股），以何形式实现持股（持股载体设计）。

[案例三]

员工持股

项目背景

某省属国企被选为混改试点企业，在引入战略投资者的同时，应各方要求该企业实施集团骨干人员持股计划，以建立长效激励约束机制，形成资本所有者和劳动者的利益共同体。

项目挑战

从监管的角度来看，混合所有制改革员工持股计划的相关政策仅进行了方向性指引，如何落地实施并无配套细则；从内部操作的角度来看，激励额度与价格如何确定，以保证公司成本可控同时员工资金压力适中，不同持股形式在法律、财务、税务上有何影响，股权的管理、退出如何规范等，各方普遍关注，需要科学设计。

解决方案与项目成果

结合监管部门政策指导、外部市场案例、内部员工期望和长期激励领域专业经验，设计出了科学合理的骨干人员持股计划方案。该方案分为两个阶段实施方案：当前阶段将公司核心管理骨干、营销骨干、技术人才纳入持股范围，并设立合伙企业作为持股载体，与外部投资者实现同步入股，并承诺股权锁定一定时间不做减持。由此提升了对外部投资者的吸引力，也体现了公司核心人才对公司发展的信心。同时，公司设立了面向未来业绩增长的奖励计划，当实现股东（包括国有股东、外部投资者股东）所要求的业绩增长目标（包括净利润、净资产收益率）时，将会提取奖励基金，既以此保障股东价值增长，又能实现对核心人才的持续性长期激励目标。目前方案主体已获得省国资委的认同，并配合集团混合所有制改革在同步实施中。

引入基金进行产权制度改革

引入基金进行产权制度改革是混合所有制改革的一种创新形式。设立政府引导基金，可以改变政府投资方式和财政资金的使用方式，用政府财政有限的资金作为杠杆，来吸引更多的社会资金投资国有企业混合所有制改革或进入新兴战略产业，促进产业升级。政府引导基金的理想模式应是市场化运作的“基金的基金”（即母基金）。政府引导基金出资比例在10%～20%，其余由子基金管理团队从社会募集，撬动5～10倍杠杆，投资于当地企业的比例一般不低于80%。根据当地经济特点，可考虑设立各种产业发展基金和国企改革重组基金等，发挥国有资本的引导作用，基金收益仅用于再投资。

[案例四]

项目背景

某省国资委下属大型国有企业，信誉良好，资产盘子很大，下面的子公司和关联公司涉及多个行业，在境内融资的综合成本很高。而境外资金成本比较低，境外的一些基金和高净值人士也很想分享中国政府改革红利。

项目挑战

如何利用某股权投资基金的诸多政策优势，如跨境人民币投资、税收优惠等，结合政府引导基金，将境外低成本资金引入本省，投资国企改革和产业升级。

解决方案

该股权基金管理公司的境外实体（GP1）寻找符合条件的境外有限合伙人（QFLP），将募集到的境外资金100%投资于境内基金管理公司（GP2）。政府引导基金作为有限合伙人（LP）之一和境内基金管理公司（GP2）旗下的某基金（另一LP）一起投资某省的产业发展基金或国企改革基金，进而继续投资于某特殊目的公司，该公司则投资于改革中的国企或有成长力的新兴企业。或者，通过上述渠道，国企在海外发债（人民币债或美元债）或通过该国企未使用的授信额度通过“内保外贷”的方式获得低成本的境外融资，并通过上述渠道回流到境内。获得的资金可以投资该国企的改革项目，或者该省的一些优质企业，通过IPO或者在A股或香港市场买壳上市的方式，实现退出。

项目成果

该股权投资基金正在募集的两只基金，规模分别达到人民币亿元级别和十亿元级别。某省的政府引导基金出资35%和该股权投资基金计划共同投资该省的一只产业发展基金，助力产业升级。政府引导基金和股权投资基金相结合，不仅可以引入境外低成本资金，而且可以发挥三大功能：协助政府打造境内外融资平台，协助政府打造境内外资金流通通道，协助政府打造上市公司平台。

政府引导基金的设立和运用要注意地方的财政能力和债务负担。中央政府正采取防范措施，缓释由地方政府债务引发的金融风险。1万亿元地方债置换计划和延缓债务期限的举措，将使地方政府有能力支持制造业的整合和国企的转型升级，因为随着中央政府出台隐性救助措施，地方举债上限将被规定。而政府引导基金的杠杆作用，既能利用社会资金满足国企改革和产业升级的资金需求，又能使地方政府免于再次债台高筑。

引入战略投资者

战略投资者一般是指国内外专业的产业/财务投资者，其特点是拥有丰富的投资经验及整合经验，能够在行业、市场、商业模式上给企业提供参考，在资金、管理人才、管理方法、资本市场等方面给企业提供资源，协助被投资企业创造并在资本市场上实现更大的价值。

虽然许多省市改革文件都将引入战略投资者列入了改革内容，但在实际操作中，国企引入战略投资者还处于发展初期，虽有中粮集团、徐工集团等少数几个披露了意向的案例，但鲜有可复制的成功经验。国企引入战略投资者需兼顾多方需求、平衡多方利益，其复杂性可见一斑。

国企要引入合适的战略投资者面临一系列挑战。

（1）如何将公司的历史和现有资源、机遇和挑战、愿景、发展路径、预备投资的项目等厘清包装，让投资者知晓。

（2）如何对有意愿的投资者进行筛选，并在接触过程中保证合适的资料披露程度。

（3）如何进行尽职调查。

（4）如何进行交易谈判，除保证合理的交易价格之外，还要就出资形式、股权结构、治理构架、管理层激励体系、职工安置方案、资本市场战略等达成一致，遴选出最优的投资人或投资人组合。

（5）如何准备各种交易资料。

（6）如何取得国资委等监管当局批准。

引入战略投资人一般遵循如图1－4所示流程。由具有国际关系网的专业机构协助引入战略投资者不仅能保障专业服务的品质，而且能分享专业机构长期积累的全球投资者数据库和关系网等资源。

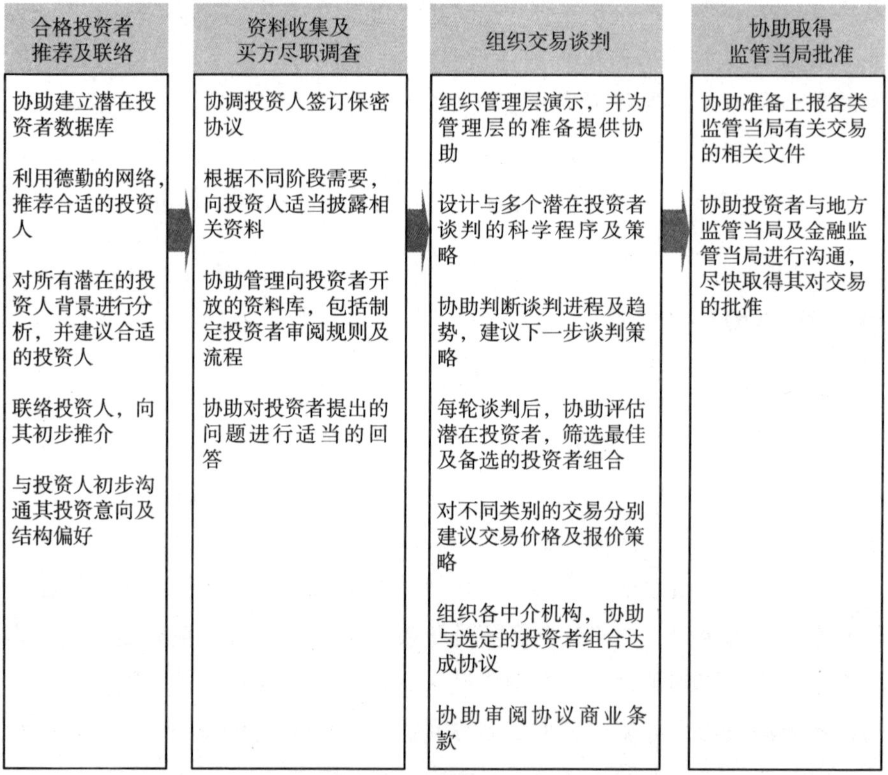

图1－4　引入战略投资者的一般流程和具体内容

混合所有制的上述5种实现方式常常组合起来使用，在企业的不同发展阶段可以有不同的侧重点。对于陷入经营困境的国企，通过开放式重组，即业务、资产、债务的重新组合，使企业重新被投资人/资本市场接受；在引入战略投资者的同时，外部投资者常常要求实施员工持股计划，以实现对管理层和核心人才的长期激励，使个人利益和企业长远利益一致；引入基金则可以解决国企改革过程中的各种资金需求；整体上市或核心资产上市，是战略投资者、基金的退出方式之一，也是持股员工的激励完成过程。

混合所有制的机制保障——混什么

目前混合所有制改革的参与双方——国有企业和非公经济都有疑虑，国企担心国有资产流失，非公经济担心在混合所有制企业里没有话语权。要消除疑虑，顺利完成混合所有制改革，必须让改革过程公开透明、合法合规，规范国有资产评估，完善国有资产定价机制，严格操作流程。例如，按国际惯例/行业通用的办法，引入公信力强的第三方机构，根据市场价格，对国有资产进行公开、合理定价。而关键在于机制问题，包括在混合所有制企业建立一个有效制衡、平等保护的治理结构，以及市场化的人才选聘制度、激励和约束机制等。

发展混合所有制经济的根本目的是要突破束缚企业发展的体制机制障碍，激发企业活力和竞争力。要解决体制机制的问题，需要进行以下几项探索。

探索建立有效制衡、平等保护的法人治理结构

在国企改革过程中，两大挑战就是如何打破“因人、因情而治”的管理怪圈，将行政化的人才机制转型为基于企业价值最大化的现代化企业管理制度，通过规范化的管理机制促进公司的高效、科学运转；如何同时规避“大股东侵占小股东利益”“小股东侵占国有资产”和“高管层代理成本过高”等现象，实现利益分配的多赢局面。

解决方法之一就是建立有效制衡、平等保护的法人治理结构。有效制衡就是在混合所有制企业，完善“三会一层”的功能并切实发挥作用，同时通过引入独董，建立专业委员会提升科学决策；有了形式上的合规性，还需要实践中的有效性，即基于企业新的治理结构及管控模式，明确大股东和小股

东的管理职能、决策机制及相应的制度规则，各董事、监事、管理层等依法依规积极行使权力，保证法人治理结构运行顺畅和高效。平等保护就是通过治理机制的设置，规范治理主体责任，给予民营资本等非国有股东和国有资本股东平等的权利，提供同等程度的保护，鼓励非国有股东参与混合所有制改革的热情，激发国企活力，实现混合所有制改革的目的。

[案例五]

中石化治理结构变革吸引民间资本

2014年9月，中石化宣布引入境内外共计25家投资者，以1071亿元价格，向它们增发销售公司29.9%的股权。交易过程全部由国际专业机构协助完成。中石化销售公司按现代公司架构，在董事会层面引入社会和民间资本董事，触及了企业治理机构最重要、最核心的问题，从根本上完善了企业治理结构。

中石化根据其发展战略，引入了多家国内、国际投资者。

(1) 实业类：加拿大零售商 Alimentation Couche-Tard、新奥燃气、新希望等。

(2) 金融机构：中国工商银行、中国人寿等。

(3) 基金：嘉实基金、华夏基金、Affinity Equity Partners、厚朴基金、复星国际等。

(4) 互联网公司：腾讯。

治理结构中，中石化持70%股权，只占40%董事会席位：与目前央企董事普遍来自本体系内部的现实不同，中石化销售公司混改后的董事会由11人构成，来自中石化的董事仅4人，独立董事3人，职工代表1人，而社会资本有董事3人，也将具有较大的话语权。

探索在国企引入职业经理人制度和市场化劳动用工制度

国企领导人在政商之间身份转换的现实，引发了对国企经营者工作动力和努力方向的疑虑。在访谈非公经济投资国企混合所有制改革意愿的时候，经营者的长期利益和国企的长期利益不绑定，难以保障企业的长远发展壮大，也是大家最集中的担心之一。本轮国企改革中，政府的职能从“管企业”到“管资本”转变，实际上也是对企业具体事务，如人事决策的放权。这其中就涉及在完善的法人治理架构的前提下，引入职业经理人管理企业，加大市场化选聘力度，实现干部“能上能下”；建立市场化用工机制，实现员工“能进能出”。在实际操作中，可能“新人新政策，老人老办法”的双轨制将会过渡一段时间。在招聘了职业经理人之后，要留住人才，成为企业的“事业合伙人”，还必须建立人才能发挥才智的舞台和机制，在考核以及培育上下功夫，并配合市场化的激励和约束机制。

探索建立市场化的激励和约束机制

市场化的约束激励机制是本轮国企改革的热点之一。国有企业领导人员收入应与职工收入、企业效益、发展目标形成联动，行业之间和企业内部形成更加合理的分配激励关系。不仅要有激励机制，也应引入业绩挂钩、财务审计和信息披露、延期支付、追索扣回等约束机制，规范高管行为。

市场实践中常见的长期激励工具多种多样，有基于现金的奖金池计划、股票分红权计划等，也有基于福利的退休金计划、医疗保险计划，更有基于真实股权的员工持股计划等。应根据监管环境及市场实践、企业目前的发展阶段及未来的战略规划、目前的财务状况及未来的预期（主要考虑公司的现金流）以及股东的意愿及激励对象的预期，选择合适的长期激励工具或长期激励工具组合。

探索混合所有制企业开展员工持股

员工持股的考虑要素和案例前文已述。2015 年 1 月底，国务院全面深化改革领导小组审议的《关于实行员工持股试点的意见》和广东省的框架性指引都体现了监管机构对于国企员工持股探索存在的一些担心：如何避免在垄断行业进行持股或者有失公允的激励定价，造成国有资产流失；如何防止持股计划范围过广、力度过大，使其沦为普惠的“大锅饭”或者部分高管暴富的工具；如何对股权流动、退出进行科学管理，避免违规抛售、私下交易以及恶意收购等扰乱资本市场的行为发生。这些也提示相应国有企业在探索员工持股方案时，要进行科学合规的设计，确保激励与约束对等，同时要根据实际情况实行“一企一策”。

探索混合所有制企业的有效监管机制

混合所有制改革将带来管理的扩张，需要将成熟的管理体系向新设立/并入企业进行有效移植，以利于高效监管。为了更好地落实集团战略意图，防范经营风险，集团对于新设/被并购企业的管理应从通过单一的外派人员进行管理，转变为充分利用人员委派、综合评价体系、制度体系、信息化建设体系四大管理手段的综合管理，使集团对新设企业的管理模式从资本输出向管理输出和文化输出转变，使得新设/被并购企业能够更好地融入集团的统一管理中。

在日常监管中，可通过“事前”的目标与计划/预算，“事中”的执行监控、分析报告和“事后”的绩效管理，全面落实战略定位，建立混合所有制企业既灵活又有效的监管机制。

德勤说

对国企来说，可借这次混合所有制改革之机，在引入非公有制经济的同时，进行治理结构、人才机制和管理体制等方面的机制转变，完善现代企业制度，让国企更具活力。盘活国企百万亿元总资产，增强国有经济整体的“活力、影响力、抗风险力”，对国计民生和国家战略的意义亦极其重大。

在考虑进行混合所有制改革之前，应先对照以下任务清单，分析内外部挑战和机遇之后再进行顶层设计：

（1）厘清各级政府对企业这次改革的期望，以及最担忧出现的情况。

（2）研究中央和地方各自公布的混改 1 + N 方案。

（3）参照兄弟省市、企业的成功经验。

（4）弄清楚企业现在所属的分类，治理结构、经营现状和管理机制成熟度及最希望解决的困难/进行的转变。

（5）明确企业的长期和短期战略目标及是否要通过混改的方式（部分）实现。

（6）在决定进行混改后，审慎确定混改的实现方式（开放式重组、整体上市或核心资产上市、员工持股、引入基金进行产权制度改革、引入战略投资者）或几种实现方式的组合，并列出时间表和工作重点。

（7）明确企业内部要进行的改革——治理结构、人才机制、管理机制——以配合混合所有制的引入，并安排这些改革的工作顺序和重点等。

混合所有制改革同时也是非公有制经济投资国企，利用国企的平台、品牌、技术、渠道等资源做大做强、实现共赢的机会。对于有意愿参与混合所有制改革的跨国公司和民营企业来说，也应对照以下任务清单，预先做好规划：

（1）解读政策：哪些可以做？哪些不可以做？包括混改政策和其他经济政策。

（2）厘清自身的发展战略、优劣势，以及将来发展所需资源清单。

（3）根据自身需求，列出潜在可以合作的国企的目标清单。

（4）对目标清单上的国企进行调研，了解目标的发展战略、前景和优劣势以及和己方的契合度。

（5）对目标清单列短名单后，认真接触潜在的国企合作者，判断有无进入实质性工作的机会。

对跨国公司和民营企业来说，选对目标，参与国企混合所有制改革，实现优势互补和协同效应，是在全球经济复苏乏力的大形势下寻找新的增长点的绝佳机会。

本章于2015年4月在德勤中国官方网站首次发表，2018年9月修订。

思考二

“一带一路”倡议下如何进一步推进国企国际化

国企的国际化之路已经走了风风雨雨几十年，其间成绩斐然，也有不少可以总结经验、继续提高的空间。2015 年 9 月 13 日，中共中央、国务院公布的《关于深化国有企业改革的指导意见》再次明确了国企改革方向是坚持社会主义市场经济、完善现代企业制度。那么国企，尤其是已经有一定规模的国企，到全球这个大市场去参与竞争，在全球范围内配置资源，提高运营效率便是题中应有之义。同时，中国新时期发展经济和对外开放的国家倡议——“丝绸之路经济带”和“21 世纪海上丝绸之路”（以下简称“一带一路”）倡议，正在逐步推进落实。这为国企的国际化创造了更有利的外部条件，国企的国际化也进入了新时代。因此，国企的国际化发展将不再只着眼于扩大规模，更要注重提高经营管理水平，借力“一带一路”倡议，增强国际竞争力。

国企“走出去”做大了规模，但经营管理水平还有待提高

国企“走出去”从 20 世纪 90 年代中期开始，自中国加入 WTO 之后开始加速，越来越多的国企走出国门，从事国际化经营、海外投资和并购等。2008 年国际金融危机以来，许多国企去海外“抄底”，海外投资并购更加频繁。商务部统计数据显示，2016 年，中国境内投资者全年共对全球 164 个国家和地区的 7961 家境外企业进行了非金融类直接投资，累计实现投资 1701.1 亿美元，同比增长 44.1%，实现中国对外直接投资连续 14 年增长。国企是其中的主力军。中国企业联合会公布的“2016 中国 100 大跨国公司榜单”中，国有及国有控股公司

数量达到81家。另据国资委主管《国资报告》透露，中国境外国有资产总量已不少于12万亿元。

国企“走出去”可以在全球范围内配置资源，利用更广阔的市场，有利于实现规模经济，绕开国际贸易壁垒，增加资本的灵活性和套利机会，对于国际经济格局和中国国内经济转型、产业结构升级等也会产生深远影响。近20年来，以国企为主力，进入世界500强的中国公司数量迅速增加，2018年7月最新统计达到120家（其中国企82家），与美国（126家）的差距继续缩小①。国企“走出去”在取得以上辉煌成绩的同时，也存在很多挑战，面临着诸多风险。总的来说，国企大而不够强，国际化经营还处于摸索学习阶段，跨国经营的经验和风险管控能力与国际一流水平相比，还有较大的差距。具体来说，国企的国际化有各种表现形式，如进出口贸易、工程承包、绿地投资、海外并购等。各种形式的国际化都存在一些挑战，表现在以下几方面：

（1）进出口贸易。中国出口商品和服务的一大部分是纺织品等低附加值产品；以高铁、核电为代表的高端装备出口才刚刚起步。

（2）工程承包和绿地投资。竞标时对当地的情况了解认识不足，工程建设过程中的风险控制机制缺乏，工程后续管理能力弱；今后的工程可以更多考虑BOT、PPP等方式，将东道国和中国企业进行利益捆绑，更多使用国际商界通行的做法，考虑可持续性。

（3）海外并购。并购之前的尽职调查不充分，并购过程中风险管控能力太弱，并购后整合能力低。

（4）许多投资和并购，从商业或财务的角度考虑，结果不太理想。

（5）许多国企只是走出国门，并没有国际化企业的战略和管理水平。

（6）有国际竞争力、品牌影响力的国企数量少。

---

① 财富中文网2018年7月19日榜单。

“一带一路”将开启国际化的新阶段，国企要正确解读并结合自身实际

在“一带一路”倡议的引领下，国企的国际化将进入新时代。国企在过去“走出去”的过程中，已经交了学费，未来5～10年，将超越“摸着石头过河”的阶段。回顾过去，总结教训，国企不仅要在规模上做得“更大”，而且要在管理上做得“更强”。“一带一路”倡议为国企国际化提供了更广阔的舞台、更有力的配套支持，但更重要的是国企要在新一阶段的国际化过程中，提升内部管理水平，提高国际竞争力，真正成为具有国际竞争力的大企业。

“一带一路”从宏观、整体上而言是国家倡议，但具体到经济合作项目上，还是要体现市场的决定性作用，政府发挥的只是支持、服务、引导作用。作为企业，首先要解读“一带一路”倡议，结合自身的实际，决定参与与否和参与方式，并在执行“一带一路”项目过程中最大限度地有效规避和管理风险、增加盈利，保持可持续性的增长。

“一带一路”是新时期全方位发展经济和对外开放的国家倡议。2013年9月和10月，国家主席习近平在出访中亚和东南亚国家期间，先后提出共建“丝绸之路经济带”和“21世纪海上丝绸之路”的重大倡议，得到国际社会的高度关注。2015年3月28日，国家发展改革委、外交部、商务部联合发布的《推动共建丝绸之路经济带和21世纪海上丝绸之路的愿景与行动》（以下简称《愿景与行动》），是推进实施“一带一路”倡议的纲领性文件。

“一带一路”立足于亚欧非大陆及附近海洋，但并不囿于一个地理上的概念。中国政府多次重申“一带一路”倡议的开放性和包容性，所以尽管“‘一带一路’包含沿线65个国家”的说法目前被广泛引用，但我们理解的“一带一路”是全球性的倡议，任何国家愿意参与“一带一路”都受到欢迎，其影响也会是全球性的，不只局限于沿线60多个国家。以挪威为例，尽管从地理范围上看，挪威不在“一带一路”沿线，但仍然选择加入亚洲基础设施投资银行（以下简称“亚投行”），以成为亚投行创始成员国

的方式参与“一带一路”倡议。

“一带一路”主要是经济人文合作倡议，以“政策沟通、设施联通、贸易畅通、资金融通、民心相通”[①] 为主要内容。“一带一路”沿线的许多国家，自然资源丰富，但交通和能源基础设施薄弱，对基础设施建设有着巨大需求。以印度尼西亚为例，该国是东南亚最重要的经济体之一，也是东盟人口最多的国家。但据亚洲发展银行和国际货币基金组织的报告，基础设施匮乏将成为印度尼西亚发展的巨大阻碍。据估计，雅加达仅仅因为交通落后，每年将损失 30 亿美元[②]。又如蒙古国，煤和铜、铁、磷、矿等资源都非常丰富，但交通、通信等基础设施落后，到蒙古国投资建工厂或进行矿山开发，基本涉及道路、水电、通信等均需投资者自行解决，这提高了投资者的投资成本，妨碍了蒙古国引进外资和经济的进一步发展。其他东南亚、南亚和中亚北非的许多国家也不同程度地存在基础设施落后制约投资发展的问题，也在迫切期待改善基础设施投资现状。而中国的企业在公路、高铁、口岸、港口、机场和输油、输气、输电等通道建设上，近年来在海外工程中已经积累了丰富的经验。正如李克强总理的批示：“国际产能合作”是“新阶段下以开放促进发展的必由之路，既有利于顶住经济下行压力，实现中高速增长、迈向中高端水平，也是与全球经济深度融合，在更高层次上嵌入世界产业链条，实现优势互补、合作发展的共赢之举”[③]。

不仅是基础设施建设，可以预见“一带一路”沿线国家和地区的跨国贸易和产业投资将达到一个新的高度。在共商共建的基础上，沿线国家和地区将设立更多的自由贸易区、跨境经济合作区等各类产业园区，降低跨境贸易的各种壁垒和成本，跨境电子商务等新的商业业态将得到更大发展，区域产业配套能力增强。农林牧渔业、农机及农产品、海水养殖、远

---

① 2015 年 3 月 28 日，国务院授权新华社发布《推动共建丝绸之路经济带和 21 世纪海上丝绸之路的愿景与行动》。

② 投资东南亚：价格低廉基础设施匮乏风险机遇并存［EB/OL］. http：//money. 163. com/14/0529/07/9TD617IV00252C1E. html.

③ 2015 年 6 月 18 ~ 19 日，国务院国资委在北京召开推进中央企业参与“一带一路”建设暨国际产能和装备制造合作工作会议上李克强总理所做的批示。

洋渔业、水产品加工的深度合作、海水淡化、海洋生物制药、海洋工程技术、环保产业等行业的投资将兴起一轮高潮。煤炭、油气、金属矿产等传统能源资源勘探开发合作和水电、核电、风电、太阳能等清洁、可再生能源的加工技术、装备与工程服务将进一步铺开。

而在国际金融领域，各国将共同筹建和运营亚洲基础设施投资银行、金砖国家开发银行，以丝路基金以及各国主权基金引导商业性股权投资基金和社会资金共同参与“一带一路”重点项目建设，共同推进亚洲货币稳定体系、融资体系和信用体系建设。

民心相通是“一带一路”建设的社会根基。人员往来和交流才能沟通民心，增强理解和互信。可以预测，沿线国家和中国的文化、教育、旅游等行业将迎来新的发展机遇。

“一带一路”倡议没有公开的项目清单，只有公开的经济走廊清单。《愿景与行动》中强调，“一带一路”建设是一项系统工程，要坚持共商、共建、共享原则，积极推进与沿线国家发展战略的相互对接。也就是说，项目的最终确定要由中方与相关国家商协决定。虽然“一带一路”是全球性战略，但我们理解，大的基础设施项目和产业投资项目未来还是会多数落在如下经济走廊上：

（1）陆上：新亚欧大陆桥、中蒙俄、中国—中亚—西亚、中巴、孟中印缅、中国—中南半岛等国际经济合作走廊。

（2）海上：中国沿海港口过南海到印度洋，延伸至欧洲；从中国沿海港口过南海到南太平洋。

其中，中巴经济走廊是样板。

“一带一路”从宏观、整体上而言是国家倡议，但具体到经济合作项目上，还是要体现市场的决定性作用，由企业来主导。从社会责任上来说，国企承接“一带一路”项目责无旁贷；从能力上来说，现在“走出去”的企业绝大多数是国企，尤其是央企，随着“一带一路”倡议向更深层次推进，国企“走出去”的深度和广度将会进一步加大。

在新一阶段的国际化过程中，国企不能跟风，而要看自身业务和发展方向，与上文分析的“一带一路”带来的产业机会有无联系，以怎样的方式联系起来，坚持市场导向和商业运作原则，认真调研当地需求，创新合作和投资模式。在抓住“一带一路”这样的外部机遇的同时，国企，尤其是进入了全球500强的82家国企，要想真正成为有国际竞争力、品牌影响力和国际化管理水平的跨国公司，更需要各种企业内部能力的建设和提升，尤其是需要顶层思维。

表2-1 企业通用的几种国际化战略

国际化没有一种普遍适用的成功模式可以复制，企业要根据自身情况做出战略选择 国际化战略有多种表现形式：进出口战略、多国本土化战略、全球标准化战略和跨国多元化战略。它们各自通过国际化能实现的优势、适合的产品类型、竞争范围、选址标准和组织架构设计标准各不相同
进出口战略 此种国际化战略多被从事大宗商品贸易的企业采用。基于成本因素的考虑，这一类企业通过国际化能增加套利成功的可能性。在组织架构上，总部一般仍放在本国，但分支机构却遍布全球以便于利用不同市场的价格差，低买高卖，实现盈利
多国本土化战略 采取该战略的企业主要销售基于产品生命周期设计的产品，通过国际化可以实现更丰富的产品组合。在竞争中，每个国家的分支机构都对当地利润表负责。总部会提出建议，但不附加强制性条件，灵活性强。企业整体也较少采用全球领先实践，而是让各个分支机构根据当地市场条件，自主经营，实现盈利。组织架构基于地理位置设计。采取此种国际化战略的企业如达能
全球标准化战略 提供全球标准化的产品和服务的企业最常采用此种国际化战略，以通过国际化实现规模经济，在全球范围内竞争。这类企业有全球统一的商业目的、价值及准则，聚焦并凝聚形成一个公司。组织架构设计是基于业务单元而不是地理位置，能够在全球范围内进行管理层调动。这类国际化战略的代表企业如宝洁
跨国多元化战略 此种国际化战略是以上两种的综合，适用于产品平台化的企业。在部分地区采用全球领先实践，构建全球统一品牌，建立矩阵式组织架构，本地管理层拥有部分自主决策权。这类国际化战略的代表企业如欧莱雅
区域性国际化战略 还有一种是区域性的国际化战略，和纯粹的全球化或本地化相比，能够协调区域内不同国家需求，减少国家间差异性的影响，并较少与区域外进行整合。此类国际化战略的代表企业如联合利华

各种国际化战略并无优劣之分。企业不同，国际化程度也不相同，采用哪种国际化战略取决于企业通过国际化想实现的目标/优势，并在产品、竞争、选址和组织架构设计上做出关键性决策，最终达到平衡，形成企业

统一的国际化战略并在全球实现高效率运营。

实现可持续的营利性增长是每家优秀企业的标志。通过国际化，进入新的市场，提供新的产品组合并调整组织架构，提升内部能力，已经被证明是企业实现可持续营利性增长的途径之一。国企承载着执行国家战略，支持国家政策的使命。在“一带一路”引领下的新一轮国际化大潮之中，国企要成功地“国际化”并成为优秀企业，先要考虑清楚以下问题：

（1）如何将“一带一路”的国家倡议和企业自身的长期战略对接？

（2）如何调整自己的产业/产品组合？

（3）以哪些国家或地区为国际化的重点目标地域？

（4）用什么样的方式进入目标市场？

（5）会遇到哪些困难？怎么克服？

（6）怎样全面管理风险？如何建立预先防范、事中监管和事后应对的机制？

（7）需要提升哪些内部、外部能力？

（8）需要哪些组织和系统保障？

关于国企国际化和“一带一路”的问卷调查及主要发现

要为回答上述问题提供思路，需先厘清国企“国际化”的现状、参与“一带一路”的意愿和困难。我们在央企和地方性大型国企的中高层管理人员中做了一次有关国企的国际化和“一带一路”问卷调查，对问卷中发现的问题做如下总结。

1. 受访国企属性和行业分布

本次调查我们共回收有效问卷 54 份，其中央企占 54%，地方国企占 39%，国有控股金融机构、文化媒体等事业单位占 7%。这与国企“一带一路”参与者的构成基本一致：以央企为主，地方国企是重要力量，国有控股金融机构和文化媒体等单位积极参与。接受我们调查的国企分布在基础设施工程建设（包括电信）和能源行业的最多，都占到 24%，其次是制造业（22%）和贸易与消费品行业（15%）。属于前四大行业的企业数量占到全部受访企业数量的85%。这与我们分析的“一带一路”倡议将影响的前几大行业相同。

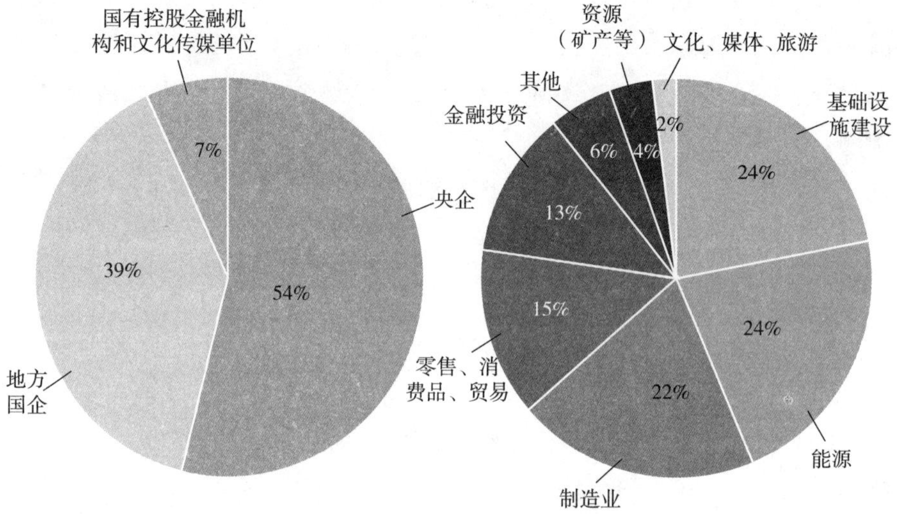

图2-1 受访国企属性和行业分布

2. 海外收入占比

国企总体的海外收入占比远低于500强中著名跨国公司的水平，也低于许多进入500强的中国民营企业。

调查显示，43%的受访国企海外收入目前占企业总收入的比重不到5%，60%的受访国企海外收入比重低于10%，这说明目前我国大部分国企的海外市场开发还处于早期阶段，增加海外收入还大有潜力可挖。同时，也有20%的国企（54家中的11家）海外收入占总收入的30%以上。这11家国企中73%（8家）为央企。从行业来看，约40%属于基础设施工程建设行业，其次是能源行业和制造业。这也印证了央企是“走出去”的先行者，基础设施工程建设行业和能源、制造业的国企是目前在国际化中走在最前列的。

据中国企业联合会、中国企业家协会发布的《2018中国企业500强分析报告》，上榜企业的国际化经营稳步推进，跨国指数从2017年500强企业的

9.28%提高到了2018年500强企业的10.93%，海外资产、海外收入与海外人员占比都有不同程度提高，海外资产占比提高最为显著。这和我们问卷调查得出的结论信息基本一致。而一些著名的跨国公司，其海外营业收入都占到了总营业收入的一半以上，海外市场真正成为全球市场的重要组成部分，真正在全球范围内配置资源、提高效率。表2－2中列举的这5家公司，同时也入选《财富》杂志全球最赚钱的50家公司榜单①。

表2－2 一些著名500强企业的海外营业收入占比

公司名称	2018年财富世界500强排名	海外营收占总营收比重
埃克森美孚（Exxon Mobil）	9	64%
苹果公司（Apple）	12	58%
雪佛龙（Chevron）	33	65%
Alphabet公司（Alphabet）	52	54%
微软（Microsoft）	71	49%

即使是同为500强的中国公司，作为民营企业代表的联想和华为在海外市场收入占比方面也已经走到了许多国企前面。2015—2017财年，联想海外市场收入占比已达到71%，而华为2017年海外收入占总收入约50.5%②，这一数据可与许多著名的跨国公司比肩。

3. 组织架构

约九成国企已经为国际化设置了或集中或分散的组织架构，但要根据自己的国际化战略做相应调整并完善组织的权利和责任边界，提高管理效率。

组织架构方面，近六成的受访国企是由一个国际部（或其他名称的部门）集中规划管理其海外业务，但有24%的国企海外业务的管理职能分散在各个业务板块，6%由海外分支机构自己管理。需要注意的是，有约一成受访国企没有固定的职能部门管理海外业务，这说明这类企业的海外业务管理处于无序状态，在组织架构方面还未准备好。

如前文所述，各种国际化战略没有优劣之分，组织架构要根据战略选

① 数据来源：财富中文网2018年榜单，相关公司年报。

② 数据来源：联想、华为公布的公司财报。

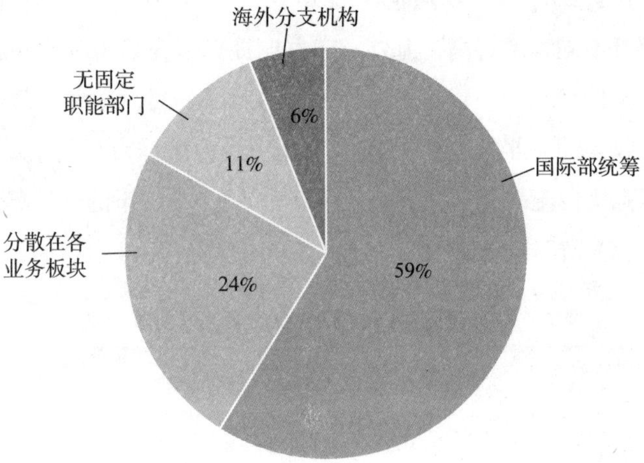

图2－2　受访国企负责规划/管理海外业务的职能部门

择来设置，没有集中管理好还是分散管理好之分。即使是分散管理，多国也是本土化战略基于地理位置设置组织架构，而全球标准化战略基于业务单元设置组织架构。在下一步的国际化过程中，国企需要根据自身选择的国际化战略相应地调整组织架构，更重要的是要厘清各组织之间权责界面，完善规章制度，最终目的是提高管理效率，实现全球范围内的高效运营。

4. 国际化的形式

国企国际化的形式呈多元化，随着“一带一路”的开展，“绿地”项目的数量将增加。

受访国企中采用最多的国际化形式是到海外并购项目，其次是到海外承包工程建设以及设立海外分支机构联系和推广国内业务产品。在海外并购中，绝大多数国企更倾向于全资持有或控股，偏好少数股权并购方式的国企是少数。另外，也有一些国企选择海外贸易或与国外机构合作等方式国际化。

绿地投资是指投资主体在东道国境内依照东道国的法律设置的部分或全部资产所有权归外国投资者所有的企业。较之于纯工程承包建设项目，以绿地投资方式进入目标市场，可以使中国投资方保持垄断优势，并能最大限度地把握风险；投资东道国若为发展中国家，一般会采取各种有利的政策措施，有助于投资方降低成本，提高盈利水平。当然，绿地投资与并购的方式相比，时间周期会比较长，对投资方的管理水平要求也更高。“一带一路”项目中许多将采用PPP（Public Private Partnership，东道国政府与中国企业合作）等方式，国企将去海外投资办厂或投资与工程建设同时进行，“绿地”项目的数量将大量增加。

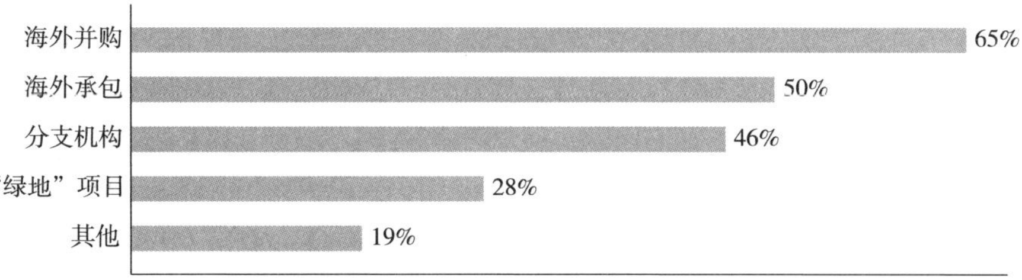

图2-3 国际化采取的形式

5. 国际化是否向“一带一路”倾斜

国企的投资决策越来越成熟和自主，约四成受访国企表示国际化方向不会向“一带一路”倾斜。

关于参与“一带一路”意愿和海外投资规模变化：近六成受访国企表示，近期国际化会向“一带一路”倾斜，约四成则表示不会。我们发现，国企投资决策越来越成熟，自主决定将来的发展方向，而不是跟风而上。同时，受访央企中有约70%未来国际化方向会向“一带一路”倾斜。计划参与“一带一路”项目的国企中，78%表示未来的总体海外投资规模会比前几年增加。这预示着在“一带一路”倡议的引领下，今后几年国企尤其是央企的海外投资将再掀起一波高潮。

6. 投资区域偏好

东南亚和南亚是计划参与“一带一路”的受访国企最为青睐的投资目的地。

计划参与“一带一路”项目的国企中，投资东南亚和南亚的意愿最高，其次是中东欧和蒙俄中亚。东南亚国家与中国地理位置邻近，经贸往来频繁，发展程度较高，在改善基础设施方面有着巨大明确的需求；同时，东南亚华侨数量众多，且和中国具有相似的历史和文化背景，因而成为最受国企青睐的投资目的地。南亚国家人口众多，市场潜力巨大，孟中印缅和中国—巴基斯坦经济走廊是“一带一路”倡议中的重点区域之一，将出现众多的项目机会，因而也为国企所重视。

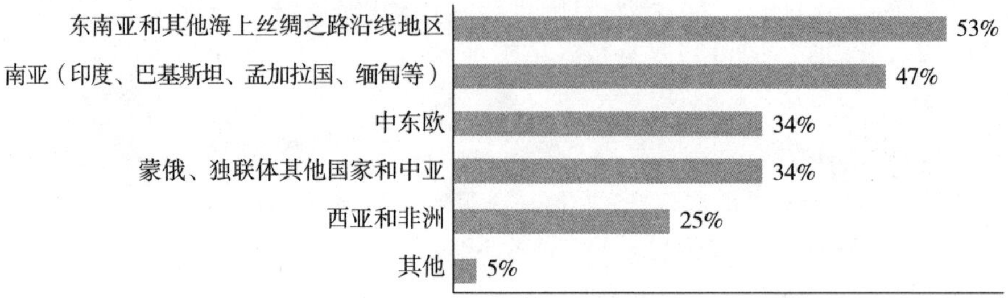

图2-4　参与“一带一路”国企的投资区域意愿

7. 国际化最需要加强的能力

国企国际化的成功，最需要提升长期战略、融资能力、风险管控和国际化人才四方面的能力：

在问及成功国际化或参与“一带一路”项目，企业最需要的三大帮助/改变时，回答最多的四项如下：

（1）高达61%的受访国企表示“在海外投资和拓展时，企业自身需要制定清晰的长期战略并对接集团整体的战略，避免冲动型投资或短期行为”。

（2）54%的受访国企选择“加大政府、金融机构或社会资本对企业国际化的融资支持”。

（3）46%的受访国企选择“加强对投资/建设目的地的政治的、法律的、税务的、文化（宗教）的等各类风险评估能力、防范能力和应对能力”。

（4）33%的受访国企选择“储备懂得当地法律法规和文化又懂管理运营的国际化人才”。

这说明国企在国际化过程中遇到的困难，集中在战略、资金、风险管控和人才四大方面，而投资之后的管理能力——“提升并购后整合能力”和“加强对海外绿地项目/承包工程的可持续性管理能力”也是国企亟待补齐的短板。“合理搭建/梳理企业管理架构，以利于集团总部对海外机构/项目的管理”被24%的受访企业选中，则是反映了组织架构设计、管控体系建设，也是国企国际化过程需要大力提高的方面。另外，也有企业提出需要帮助找到好的项目，以及需要政府发挥协调作用以避免同业国企在国际市场的恶性竞争等。

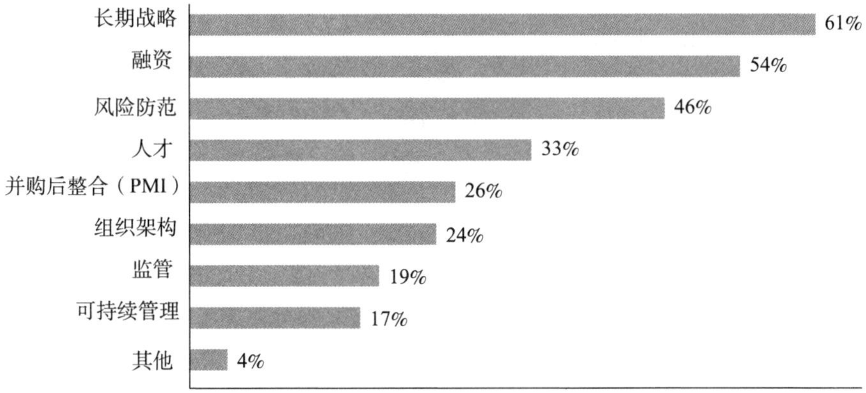

图2－5　成功国际化或参与“一带一路”项目，最需要的帮助/改变

8. 具体到风险管控方面

国企对项目国当地的各种风险认识还不充足，缺乏应对经验，超过六成企业内部没有设置相关风险管理岗位，也没有借助专业服务机构减小风险的尝试。

国企海外运营，尤其是涉及“一带一路”相关国家的项目，受到方方面面风险的挑战，包括自然风险、政治风险、社会风险、法律法规风险等。以税务风险为例，在问及参与“一带一路”项目过程中最大的税务方面的挑战（选三项）时：

（1）90%表示“对投资目的地的税收制度和征管实践较为陌生，海外项目税务风险较高”。

（2）78%认为“海外项目所在国对中国企业普遍监管严格”。

（3）67%认为“遇到项目当地税务机关的税务稽查或税务纠纷缺乏应对经验”。

（4）55%感觉“海外项目国税法变化频繁，中国企业及时获取相关信息的渠道较少”。

（5）43%表示没有具有丰富经验的海外项目税务管理人员。

受访企业中69%没有完整的税务风险管理制度和专门的税务管理岗位，这说明相比国际上大型跨国公司先进而完善的税务管理制度和体系，大部分国企的状况与之仍存在较大的差异。在进行海外投资经营的过程中，中国企业应对海外项目的税务风险管理给予足够的重视，否则将会对中国企业参与国际市场竞争、打造真正的现代化跨国企业形成较大的制约和潜在风险。

67%的受访企业从来没有在进行海外投资过程中，聘请税务顾问对海外项目所在国的税收环境、征管体系、税务风险进行评估，并对海外项目在可能的情况下进行适当的税务优化安排。这说明国企对于借助专业机构的全球网络以及其专业团队的丰富经验减小海外项目运营的税务风险、优化整体税负还不够重视。

“市场化、专业化、国际化”是新一轮国企改革的方向。国企的国际化，实际上就是到全球这样一个更大的市场中去竞争，用更加专业化的方式竞争，在国际化的过程中提升各种内部能力，实现转型升级的过程。可以说，国企国际化的成功重在内部能力的提升。我们在前文提出的国企转型升级的思考框架涵盖了企业内部各种能力，和上文调查得出的国企成功国际化的能力需求高度重合，说明这一思考框架对于国企如何成功实现“国际化”、如何在参与“一带一路”项目完成国家使命的同时做大做强，也具有指导意义，国企在思考为成功国际化而进行内部能力建设时可对照参考。

借力“一带一路”国企国际化更上新台阶

下面将通过六个具体案例，展示在专业服务机构的帮助下，国企如何成功解决国际化过程中最需要支持的战略、资金、风险识别和控制、人才及管控体系等问题。

基于过去盲目或冲动投资得到的教训，“制定清晰的长期战略”是超过六成的国企表示在新一阶段的国际化过程中最需要做出的改变之一。首先，海外投资和经营是企业集团整体经营活动的一部分，其战略规划也必须服务于集团总体战略，是集团总体战略的一部分。其次，海外投资战略需要分解为各个业务板块在国际化过程中的定位、战略目标、执行举措、定量指标、风险管控措施和其他保障才可能有效执行。

[案例一]

某央企海外投资和国际化经营战略规划项目

项目挑战

某全球规模领先的央企，近年来大规模进行境外投资，然而在投资过程中，没有明确的投资指引，集团看项目、找项目比较随机，没有重点，网撒得很大但效果不理想。2014 年跟踪和考察的投资项目 76 个，涵盖了 20 多个国家及地区和 6 大业务领域，但最终没有任何斩获。项目投资决策未能形成科学机制，大部分时候将“人缘好、声音大”作为最终评估依据；而境外企业的绩效表现也与预期差异较大，现有投资企业中超过 50% 未能达到项目可研目标，有 15% 的投资项目甚至处于亏损状态。客户的境外扩张面临着以下挑战：

1. 如何打造国际化布局：在项目投资决策的过程中，选择与企业长期发展方向相一致的项目机会，并融合本企业的管理积累和投资项目所在地的属地化优势，有目标地打造国际化运营平台。

2. 如何选择合适的投资项目：需要甄别投资机会的真实性、可行性和营利性，进行充分的可研并达成最终投资。

3. 如何有效监管投资项目：在外派人员不充足且人员能力各异的情况下，企业绩效差异性较大，需要通过搭建一套有效的法人治理和管控机制来确保经营绩效目标的实现，并支持未来的扩张发展。

解决方案

在投资战略方面，该央企在详细评估自身现有优势和不足的基础上，将国际化投资战略与“一带一路”国家战略相结合，制定境外企业投资规划蓝图，根据企业发展方向，明确投资的重点地域和细分行业等项目选择标准，明确国际化运营目标；在具体投资活动进行中，基于远期的战略布局进行项目选择，“有所为，有所不为”；在投后，“人员、资金、资产”采取属地化运营战略，充分发挥投资项目所在地的特色优势，打造整体产业链协同效用最大化，同时建立投后评价机制，定期回顾投资企业绩效表现，确保投资满足集团整体战略需求。

国企参与“一带一路”项目需要资金的支持，国家已经成立了亚洲基础设施投资银行和丝路基金来提供融资支持。但是即使资金全部到位，亚投行也仅有1000亿美元、丝路基金也仅有400亿美元，还需要撬动更多银行和社会资金的参与。国际商界通行的做法之一是“绿地”投资，在东道国成立合资企业，即让东道国政府、企业和/或第三方的企业和金融机构参与，这样不仅能让走出国门的国企拿到融资，还能让东道国/第三方和中国企业实现利益捆绑，减小项目风险。

[案例二]

巴基斯坦燃煤火电项目融资案例

项目挑战

中方企业参与某列入《中巴经济走廊能源项目合作的协议》的框架内的火力发电项目投资、建设和运营。中巴合资的项目公司计划通过一份期限约25~30年的购电协议，将其所有发电容量及发电量出售给巴基斯坦国家电网公司。巴方政府将通过执行协议进一步对项目所涉及的部分政治及巴方支付风险予以担保支持。中方企业需要向多家银行、基金融资来解决项目建设的资金需求。在融资过程中，金融机构和担保机构要求中方企业提供融资增信措施，配合潜在贷款人的尽职调查，出具一系列风险分析和规避方案、商务/税务架构方案等。这些都极耗时间，且需要依赖很丰富的专业经验进行筹划以保证中方利益。在和潜在相关方谈判过程中，商务条件的细小变化都将带来某些不确定风险。这对中方企业识别和减少风险，在保护自身利益的同时顺利完成融资，是一个巨大挑战。

解决方案

中方企业在专业机构帮助下，利用类似企业积累的经验与教训和国际财务、法律、税务等专业资源网络，在短时间内完成了各种专业方案设计，方案最大限度地规避了中方企业的风险，并得到了融资担保机构的高度认可。在谈判中，通过担保期限和赔付率上的安排，再次有效地降低了中方企业的融资成本，最终打消了各贷款人的疑虑，并使其相互配合，在项目进行的不同阶段安排了利率优惠的国家政策性贷款、国内外银行参与的银团贷款和相关项目中长期贷款，对应做出了对冲汇率风险的外汇远期合同、利率与汇率互换等避险工具安排。

国企在国际化过程中，尤其在执行“一带一路”项目过程中，会遭遇各种各样的风险，包括政治风险、法律及合规风险、运营风险、财务风险等。风险评估能力、防范能力和应对能力将是国企在国际化过程中，尤其是“一带一路”项目中，需要打造的核心能力之一。

[案例三]

俄罗斯 LNG 工厂及附属港口股权收购过程中的风险识别和控制

项目挑战

俄罗斯政府计划加快发展 LNG 业务，批准液化天然气大规模生产计划，以确保其重要天然气出口国地位。某个位于俄罗斯的综合上游液化天然气项目，将主要投资建造一座年产可达上亿吨的 LNG 工厂以及附属港口营地等设施，其总投资超过百亿美元。在这种大型海外的收购项目中，中国企业不仅需要充分识别和控制收购过程中的潜在风险，还需要深入地理解关于行业产业链的相关风险。

表 2－3　相关的投资风险分析及对策

潜在的主要风险	建议的解决对策
LNG 价值链的相关风险	
资源储量不足风险	实际可用量有可能低于储量报告水平，投资人应对报告中的储量、地质和技术数据进行技术层面的分析 预期天然气产量或低于实际水平，投资者需了解该 LNG 工厂的生产发展计划及目前的生产能力，并对预期生产水平进行合理预估
液化天然气（LNG）价格下降风险	由于市场油价的不利变化及 LNG 国际市场的竞争加剧，导致 LNG 价格存在下降风险 分析价格下降对企业定价机制和销售预期的影响 对企业未来盈利能力和生成现金的能力进行合理评估 设计能源商品价格、外汇及利率风险对冲策略
进入市场风险	不利气候变化对运力的负面影响或签署合约下有关市场准入的相关条款将增加项目的市场进入风险 对气候变化导致的北方海运航线运力影响程度进行情景分析 对合约中的相关限制条款进行分析
成本超支风险	投资者应对在建项目的成本类型进行分析，重点关注资本化成本的确认标准和计量方法及完成设施建设所需的时间和成本 对在建项目进行计划—现状分析，查找主要成本偏差原因 许可协议可能会对资本性支出额有直接要求，投资者需对其进行审阅分析 分析融资可行性，以满足当前和未来的资本性支出
环境和社会责任	可委托专业公司进行项目的环保和社会调查 投资者需对目标公司的预提成本进行尽调，确保其能够完全覆盖未来可能因社会及环境责任而产生的费用
项目融资相关问题	
国家政治风险	海外投资者在俄罗斯可能面临政治不稳定因素，存在政府违约风险及政治不可抗力风险 投资人应考虑选择中信保或其他多边机构，覆盖政治风险包括：战争及政治暴乱、汇兑限制、征收及国有化、政府违约 中信保可提供股权保险和债权保险
项目完工风险	LNG 项目链复杂，包括开发、建设运营气田、管道、液化工厂、储存罐、港口、船只及装运，其各组成部分互相关联，项目完工风险较大 与信用和资质良好的 EPC 总承包商合作 贷款方将仔细审阅 EPC 合同的条款，并要求具有清晰的违约赔偿条款。 投资者应从银行的融资角度，对 EPC 合同中的条款进行审阅 潜在贷款行可能要求股东提供完工担保

续表

潜在的主要风险	建议的解决对策
LNG 购买方的支付违约风险	对购买方的过往记录及信用水平进行审阅，评估购买方的支付能力和可提供的增信措施 投资者仔细审阅购买与供给合同（SPA）的条款，并要求具有清晰的不同违约情形下的违约赔偿条款
不可抗力风险	在建设及运营期间，项目链中任何一个组成部分因不可抗力因素影响都将可能导致 LNG 供应的延期或中断。如不可抗力事件发生，LNG 购买方可能会终止 LNG 供应与购买协议（SPA） 从融资角度，对项目合同和融资合同项下的商业保险条款进行审阅 建议聘用保险顾问对项目每个供应链环节的保险安排进行审阅
长期融资	设计对中方电力公司可追索程度最小的融资结构 若为项目融资，贷款行对风险控制有严格的要求，因此商务结构及融资安排需考虑潜在贷款行的要求 项目融资财务顾问具有很强的专业性，须对相关融资、行业及目标投资国有一定的经验。非项目融资领域的财务顾问无法真正协助实现项目融资成功
会计处理及尽调相关问题	
依赖于母公司或关联方	目标公司涉及与关联方的交易（如建设协议、管理服务合同等），或将影响目标公司的财务业绩 对与母公司及关联方的交易进行分析，包括交易的定价安排及其他与交易相关的条款条件 对关联方交易风险制定风险规避方案
欧美对俄罗斯石油天然气行业企业的制裁	了解是否存在因美欧制裁而导致的计划主要资本性支出无法实现 就其制裁造成的财务负担进行评估 设计避免或降低制裁影响的方案
俄罗斯卢布贬值	目标公司大部分资本性支出以及融资是以外币标价，受汇率变化影响极大 对目标公司受卢布贬值的影响进行分析 投资人应考虑在货币不匹配的情况下使用美元与利率的汇率掉期
承诺和或有负债	目标公司可能包含重要承诺以及或有负债，投资者应识别并理解可能影响交易评估或应该在 SPA 中看作担保或赔偿的重点承诺及或有负债

国企的国际化、各种转型升级的成功归根结底要靠人才。这里的人才不仅指中国的熟悉当地法律文化的管理人才，也包含聘用和培养当地的管理人才和员工。“一带一路”的“六通”，除“政策通、交通通、贸易通、货币通、网络通”之外，更重要的还有“民心通”。“一带一路”项目的

成功必须得到当地民众的理解和支持，已有外方政府换届，不想继续履约，而中国企业由于当地民众和员工的支持，逼政府继续完成项目的案例。许多“一带一路”项目必须聘用当地员工，在与国内政治、经济、文化差异显著的市场里，如何与当地各方沟通交流、输出企业文化、建立企业形象是在规模和实力等“硬”指标之外，对国企国际化过程中“软能力”的又一大考验。

[案例四]

某央企国际化过程中领导风格与外派员工的挑战和解决方案

项目挑战

中国企业在国际化的过程中，随着海外业务的不断深入，人力资源方面又面临着新一轮的挑战。

领导风格的挑战：“领跑型或指令型”的领导在中国企业收购国外企业后，对推动业绩提升是有帮助的。但随着业务步入正轨，需要真正融合当地文化时，“亲和型、辅导型”的领导会更受当地员工的欢迎。事实上，这样的领导无论在国内或国外，都具备高绩效企业推崇的领导风格。

外派员工定位的挑战：中国企业“走出去”时，外派员工基本承担三种职责，即“管理、监督、学习”。前两种职责，一般是外派资深的高管，直接负责海外公司或海外公司的某职能条线，确保承接国内总部对海外公司的要求；后一种职责是外派较年轻的员工，去一线锻炼，为日后的国际化人才培训奠定基础。但若要将三种职责集聚于同一个外派员工身上，那结果一定是不会令人满意的。

解决方案

通过国际化人才培训，开阔国际政治经济的视野，提高包括领导力在内的全面能力。另外，清晰地定位外派员工职责对中国企业“走出去”也至关重要。不要急于求成，不然会变得“愿望很丰满，但现实很骨感”。

企业国际化的目标之一就是在统一清晰的发展战略引领下，实现全球范围的高效运营。高效运营需要建立权责明确、风险可控的管控体系、综合绩效管理体系、应用共享模式、管理标准化，以便在全球范围内快速移植。优秀跨国公司的领先实践证明，构建财务（继而其他业务）共享服务中心是实现集约化管理、专注于高质量财务服务、推动业务财务一体化的必经之路。

[案例五]

某国企的全球分支机构通过财务共享中心建设实现集约化管理项目

项目挑战

某国企在全球有160多家分支机构，都是独立的法律实体，有自己的财务、IT、人力资源等系统和流程。各地的流程和信息系统支离破碎、相互独立；财务人员缺乏专业分工，未形成专精领域；信息沟通不顺畅，缺乏共享，无法支持集团在全球的业务发展。具体表现为：财务信息质量差，无法全球钻取；对外披露迟缓，差错率无法忍受；财务分析报告无价值，时间滞后且无法支持管理层决策。

解决方案

通过财务共享中心建设，形成了全球共享的财务信息系统、全球整合的财务管理组织、全球统一的财务管理流程、全球标准的岗位职责，专业分工明确。财务业务信息可全球监控、全球钻取；全球各分支机构的流程和信息系统高度集成，并有专业化分工；可以形成有价值的管理信息；信息存档严格，便于追踪查询。通过财务、IT、人力资源等共享中心建设，在全球范围内优化了成本管理，提升了运营灵活性和资产避税水平，增加了透明度和相关分析，使管理层的注意力能进一步集中于核心竞争力。

随着中国企业近些年“走出去”及参与“一带一路”沿线国家的项目

规模不断加大，在海外开展的通常是当地的重点项目或大型项目，因此当地各级政府部门和税务部门对中国企业的管理和税务申报合规常给予较多的关注，税务机关通常会将中国企业在当地的业务或工程项目作为重点关注和税务管理的对象，甚至会对中国企业进行定期或不定期的税务检查或稽查，企业在“走出去”的过程中与当地税务机关的税务争议甚至涉税诉讼不断出现。

[案例六]

海外工程项目税收争议及解决方案

项目挑战

以某央企在巴基斯坦承接的EPC工程承包项目为例，该项目对中巴双方来说原本是双赢的好事，但是，项目进行中作为总承包商的中国企业却意外地收到了巴基斯坦主管税务机关金额高达上千万美元的税款缴纳通知。

解决方案

由于事发突然，企业只能在专业法律和税务顾问的支持下结合当地相关所得税规定重新梳理该项目的商务合同及业务安排，将其项目相关收入应该享受当地免税待遇的法规依据逐条详细列举，并且充分分析了企业的业务各环节及商业安排完全可以享受当地的免税待遇；与此同时企业还搜集了两个其他中国企业的类似项目在当地得以免税的案例，通过对比几个项目在商业合同和业务流程角度几乎完全相同的安排，充分证明企业就其项目收入不应该被税务局征收巨额税款。

通过企业的努力以及与税务机关的再三谈判，税务机关承认对该中国企业的商业安排及合同架构在缺乏充分了解情况下出具的评税通知过于激进，税务机关同意撤销对企业千万美元的评税通知并且将在税务顾问和企业协助下重新了解分析该项目的相关合同条款和商业安排；企业可以只缴纳少量税款作为押金，待税务机关有进一步判断结果后如果企业就其相关收入确实不应缴税，税务机关将退回该部分押金，从而避免了企业千万美元的税款损失。企业也从这个事件中吸取教训，在此后的每个项目签约过程中都提前咨询专业顾问的意见，以在事前能够尽量降低因合同架构及相关条款带来的潜在税务风险。

德勤说

国企的国际化是国企做大做强、转型升级的必经之路。“一带一路”给今后几十年国企国际化带来前所未有的机遇，同时也带来前所未有的挑战。展望未来，我们有如下建议：

（1）优秀企业的标志是实现可持续的营利性增长。国企在投资海外项目或开展国际化经营之前要做好全面的可行性研究和预测，关注长期的利润和资产回报率。

（2）不跟风，不做冲动型投资，坚持把握项目和总体战略的相关性，重视风险因素，做好尽职调查，敢于否定项目。

（3）“一带一路”项目所在的各国，政治、经济体制机制千差万别，文化背景迥异、各种法律、税务和其他风险无处不在。企业所需要做的不是回避风险、视而不见，也不是夸大风险、裹足不前，而是正确地、动态地识别风险，主动管理风险，规划好应对机制和措施。

（4）组织架构上，企业集团的海外投资或国际化经营需要有一个专职的部门进行总体规划、统一管理，各部门各岗位要责权分明。

在“一带一路”倡议引领下，国企应抓住机遇、练好内功，在国际化过程中做大做强，转型为真正有国际竞争力、品牌影响力的世界一流企业。

思考三

国企改革中怎样激发“人才”这一要素的活力

国企人才体系转型趋势分析及政策解读

2015 年 9 月，中共中央、国务院印发《关于深化国有企业改革的指导意见》（以下简称 22 号文），在这份国企改革中央层面顶层设计的文件中，首次明确提出“人才资本”的概念，表明中央对于人才在推动国企改革中的重要地位有了突破性的认识。

2016 年 2 月，国务院国资委、国家发展改革委、人社部联合召开发布会披露，经国务院国企改革领导小组研究决定，开展国企改革“十项改革试点”，其中超过一半的试点内容与人才体系的转型升级有关（见图 3－1），再次凸显人才问题在国企改革中的重要程度。

1	落实董事会职权试点	6	中央企业兼并重组试点
2	市场化选聘经营管理者试点	7	部分重要领域混合所有制改革试点
3	推行职业经理人制度试点	8	混合所有制企业员工持股试点
4	企业薪酬分配差异化改革试点	9	国有企业信息公开工作试点
5	国有资本投资、运营公司试点	10	剥离企业办社会职能和解决历史遗留问题试点

图 3－1　国企“十项改革试点”

伴随上述顶层设计的出台，2016 年 4 月及 8 月，《国有科技型企业股权和分红激励暂行办法》（以下简称 4 号文）和《关于国有控股混合所有制企业开展员工持股试点的意见》（以下简称133号文）相继印发，十项改革中的重要一环——员工持股与长期激励层面的政策支持也已经到位。2017年《国务院国资委以管资本为主推进职能转变方案》（国办发〔2017〕38号）明确国务院国资委取消中央企业子企业分红权激励方案审批，股权激励方案的审批权限下放给企业集团，长期激励审批实现"简政放权"。如何建立健全长效激励与约束机制、释放人才活力，等待国企在改革探索中迈出实质性步伐。

为了进一步了解国有企业对于"十项改革试点"的态度，思考如何在改革中系统地解决国有企业人才体系转型升级的问题，我们对百余家国有企业进行了问卷调研或者现场访谈，并结合实践案例加以分析，希望可以为国有企业通过人才体系的转型升级不断修炼"内功"、推进全面体制机制改革提供有益借鉴。

"十项改革试点"问卷调研结果及解读

本次调研主要采取匿名问卷的方式，合计回收有效问卷95份。基于对有效问卷的统计分析，梳理出关于十项改革试点的主要发现。

1. 调研国企属性

23%的受访企业是国务院国资委下属企业，地方国资委下属企业占77%（见图3－2）。这与十项改革试点工作的推进思路也是一致的，不仅要在中央企业开展，同时要指导推动各地积极开展试点，2016年政府工作报告中也明确表示"赋予地方更多国有企业改革自主权"。

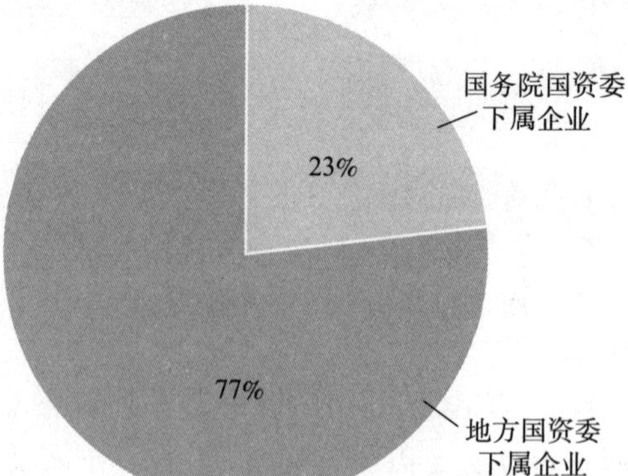

图3－2 调研国企属性

2. 改革信心指数与推进难点

从改革预期与信心来看（见图3－3），仅有26%的调研企业对国企十项改革试点的成效明确表示非常乐观或者比较乐观，51%的调研企业保持中立态度，还有23%的企业表示不太乐观或者非常不乐观，总体来看超过七成的调研企业改革信心指数并不够高，存在畏难情绪。2016年7月，习近平总书记在全国国有企业改革座谈会上做出重要指示：国有企业必须理直气壮地做强做优做大，不断地增强活力、影响力、抗风险能力，实现国有资产保值增值。政府和国企都需要继续加大沟通和行动的力度，增强改革的信心。

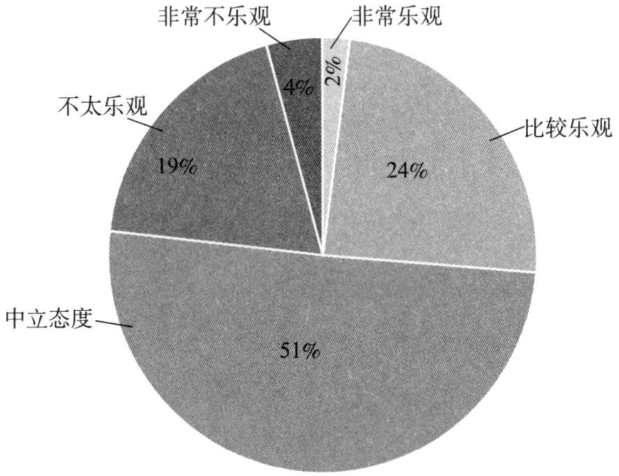

图3－3　对国企十项改革试点的信心

有关信心不足的原因和改革推进的难点，调研国企表示大部分是来源于内外部的双重压力。外部压力在于国企改革相关配套政策与细则尚不够完备，地方国资监管机构在等待国务院国资委更明确的操作指引政策，影响到国有企业在政策尚不完善或者不够明朗的情况下，不得不采取稳妥保守、等待观望的态度，以避免触犯政策红线、引发合规与操作风险。内部压力主要源于本轮国企改革的复杂度，十项试点无疑是改革的深水区，牵动的是敏感的国有体制机制问题，需要调整的是深层次的利益关系，国有企业不免存在各种疑虑与担心，影响改革的决心；另外，十项试点中不少都是崭新的改革议题，缺乏成功企业的领先实践案例，国企谨慎试水、逐步摸索，因而推进缓慢。

本次改革的许多试点确实缺乏成功案例可供参考或模仿，因此中央鼓励各区域各个地方发挥能动性自行探索，再将成功的经验总结、推广。国企在探索过程中，可以保持和各级监管机构及其他利益相关者的密切沟通，边试点边总结经验，并带着经验参与细则的制定过程，率先走出改革之路。而等待观望、无所作为并非安全的选择，国资委主任肖亚庆在2016年“两会”后答记者问时也明确表示，对国企改革担当不够者“先出清”。而从政府/监管机构一侧来说，一方面对于试点的成功案例，要及时肯定、宣传，增强改革者的信心；另一方面要建立容错机制，鼓励创新，减少率先改革者的顾虑。

3. 十项试点推进的顺序

受访企业被问及2016—2017年重点推进的三项任务时，薪酬分配差异化试点被最多调研企业（占比55%）列入，紧随其后的是市场化选聘经营管理者和落实董事会职权两项，此外推行员工持股、职业经理人制度以及剥离企业办社会职能和解决历史遗留问题亦得到较高关注度（见图3-4），再次印证人才相关的改革是调研企业最为看重的改革部分。以“人”为本，完成人才体系转型升级，激发人的活力和能动性，国企改革才能真正成功。

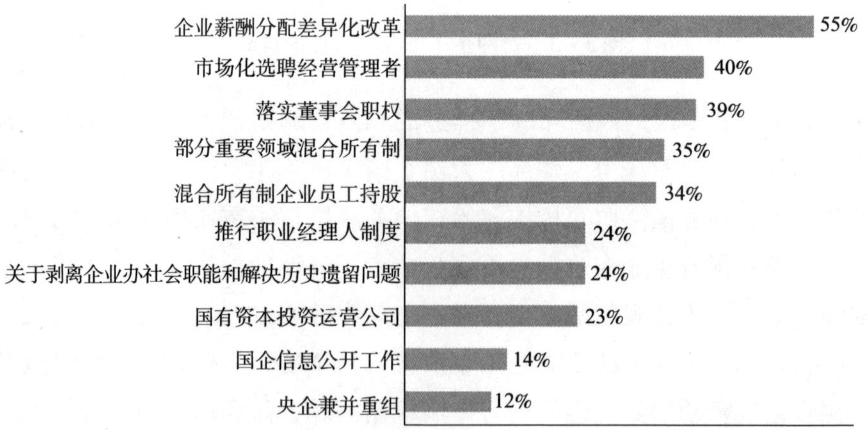

图3-4 十项改革试点被调研企业列入最重要三项推进任务清单的比例

当前国有企业薪酬制度存在诸多问题，备受舆论争议，薪酬分配差异化改革试点被视为首要任务并不令人意外。而市场化选聘经营管理者和落实董事会职权是国企进行市场化改革、建立现代企业制度的必由之路，因而获得较高重视程度。推行员工持股、职业经理人制度以及剥离企业办社会职能和解决历史遗留问题排在混合所有制改革之后，这三项实际上也是混合所有制改革中必须解决的问题和需要完成的一部分任务。

4. 薪酬分配差异化改革难点

继2015年实施的《中央管理企业负责人薪酬制度改革方案》之后，薪酬分配差异化改革试点将进一步落实国企高管薪酬的差异化管控。在此项试点推进中，调研企业认为可能面临的困难和阻力主要有（见图3－5）：①薪酬分配差异化的参照系，即究竟是参照公务员还是市场化职业经理人的薪酬体系比较难确定（64%）。即便按照相对理想的模式，“组织任命的领导干部对应一定的行政级别，参照公务员水平定薪；市场公开招聘的企业经营管理人员属于职业经理人，参考人才市场价位定薪”，但实践中如何区分两类人员确实很难操作，很多组织任命干部并没有享受行政级别待遇，也承担了相对市场化的业绩考核压力，参照公务员薪酬体系显然无法激发其创造突出业绩的积极性与主动性。②目前国有企业绩效管理体系不够系统细致，业绩考核结果不够客观、拉不开差距，无法作为差异化薪酬的有力支撑（44%）。③担心容易进一步扩大企业内薪酬差异化矛盾（36%）。

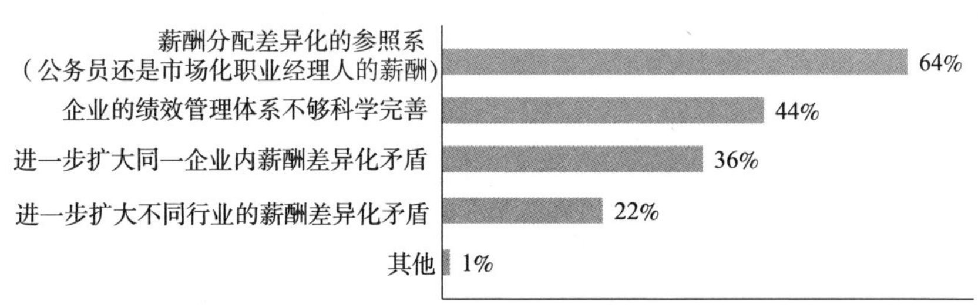

图3－5 国企薪酬分配差异化改革试点面临的困难

5. 市场化选聘经营管理者改革面临的困难

对于改革呼声排名第二的市场化选聘经营管理者，调研企业主要担心几大操作风险（见图 3－6）：58%的调研企业将党管干部、党管人才与市场化选聘企业经营管理者之间的操作冲突风险排在首位；除此之外 17%的调研企业担心引发团队内部公平性缺失，不利于高管团队的和谐稳定；同时市场化进入而无法市场化退出的操作风险以及团队文化融合的风险也是调研企业担心较多的方面。

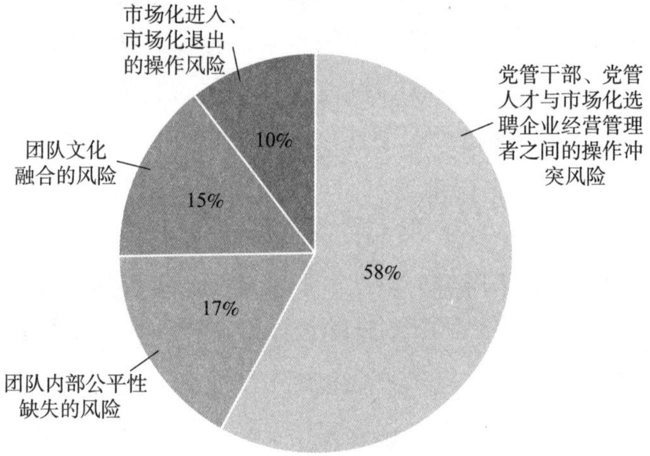

图 3－6　国企市场化选聘经营管理者的风险

首先，党管干部、党管人才与市场化理念不违背，可以通过公司治理流程发挥党委组织在管理干部、人才中的作用。2015 年中共中央办公厅《关于在深化国有企业改革中坚持党的领导加强党的建设的若干意见》中明确指出：把加强党的领导和完善公司治理统一起来，明确国有企业党组织在公司法人治理结构中的法定地位。源自西方的现代企业制度可以有中国特色的设计，如在治理结构的议事流程中植入党组织的“共识”（consensus）和“咨询”（consultation）两大作用。其次，可以加强内部人力资源管理体系的完善度，基于公司战略发展目标，从企业价值观、团队文化与亚文化多方面审视，明确管理团队共同目标任务，促进团队融合。

6. 落实董事会职权试点的挑战

在落实董事会职权试点中，国资委将向试点企业董事会授予中长期发展战略规划、高级管理人员选聘、业绩考核、薪酬管理、工资总额备案制管理和重大财务事项管理 6 项职权，通过试点将更多核心职能平稳移交董事会。对此，调研企业的疑虑在于（见图 3－7）：首先，担心即使开展试点董事会也难以真正获授关键职权，如战略决策、人事任免、薪酬制定等职权虽移交董事会，但国资委针对此会出台一系列细致繁杂的文件规定和考评办法，董事会依然受限颇多，很难有自主操作空间，有此担心的调研企业占比高达 59%。其次，调研企业担心董事会运作机制不够完善和运作效率低，限制董事会作用发挥。再次，很多调研企业认为公司治理架构中监事会及外部董事的监督职能未能真正发挥作用，很容易造成监督不足。最后，董事会成员结构不够丰富化和形成专业互补，影响决策水平，也是试点落实的重要挑战。

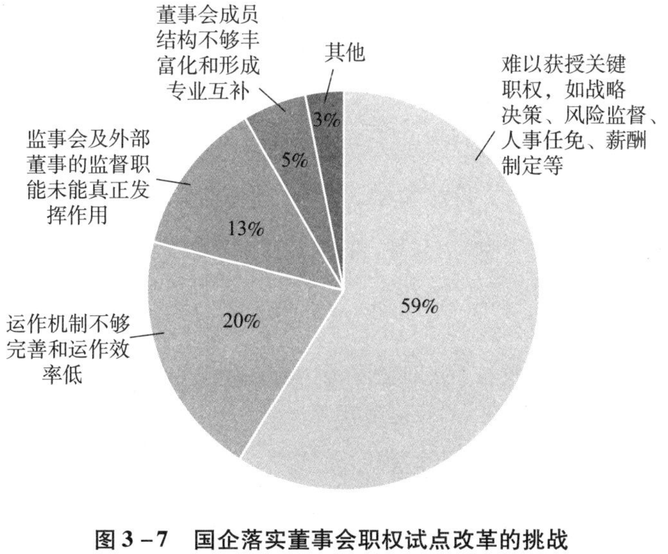

图 3－7　国企落实董事会职权试点改革的挑战

首先，国资委/监管机构可以出台负面清单，不在负面清单里的事项皆由董事会行使职权。为了确保国有股东在涉及国家安全、公众利益等某些特定事项上的话语权，也可以考虑设计国有股东的一票否决权，体现党和政府的政策倾向。其次，董事及监事要加强学习，提高自身能力，真正发挥作用。

7. 对员工持股试点的满意度低及其操作难点

因为内部人的独特身份，又关系到社会公平正义、国有资产流失潜在风险，所以员工持股一直受到监管机构、企业、员工和社会各方高度关注，本轮国企改革也是基于“先试点，后完善，再推广”的谨慎态度来推进。只有24%的调研企业对国企正在推行的员工持股计划明确表示非常满意或者满意，52%的调研企业保持中立态度，还有25%的企业表示不满意或者非常不满意（见图3－8）。

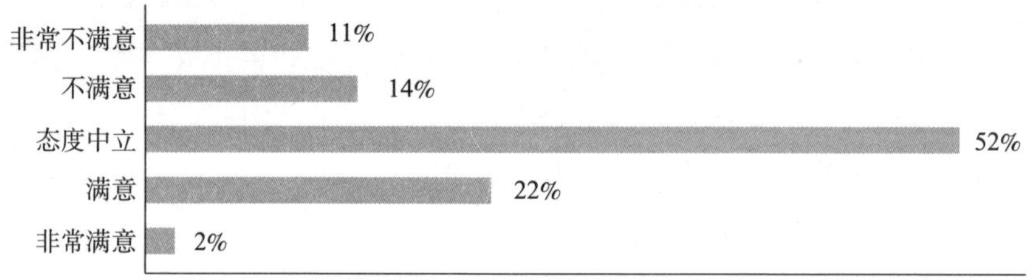

图3－8　对于目前国企正在推行的员工持股计划的满意度

调研企业认为在探索员工持股时的难点主要集中在（见图3－9）：如何设计内部的股权流转机制，如何确定员工持股范围，如何设计员工持股退出机制，如何确定员工持股价格，如何合理克服政策的限制（对持股人数、持股额度、定价等限制）。可见员工持股实践需要政策的完备度和方案的合理性两个维度的强大支撑。

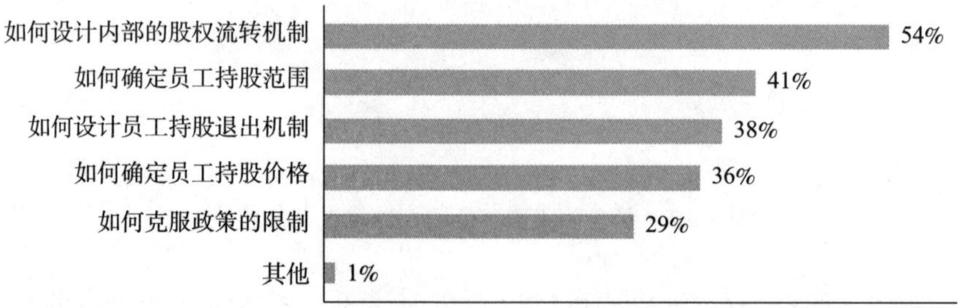

图3－9　混合所有制企业员工持股试点操作难点

8. 推行职业经理人制度试点的难点

职业经理人制度是在市场化选聘经营管理者的基础上，将国企选人、用人机制的市场化探索更进一步。调研企业认为（见图 3－10）：推进此项试点的首要难点是针对职业经理人的市场化的薪酬激励、绩效考核体系及契约化管理与国企目前的选人用人机制相去甚远，对于当前机制无疑是巨大挑战（41%）；排在第二位的是担心职业经理人作为空降兵，受到内部各利益相关方的挑战（40%）；除此之外，职业经理人市场供给严重不足（13%）以及职业经理人的生存能力和适应能力不足（6%）也是容易为试点带来阻力的重要因素。

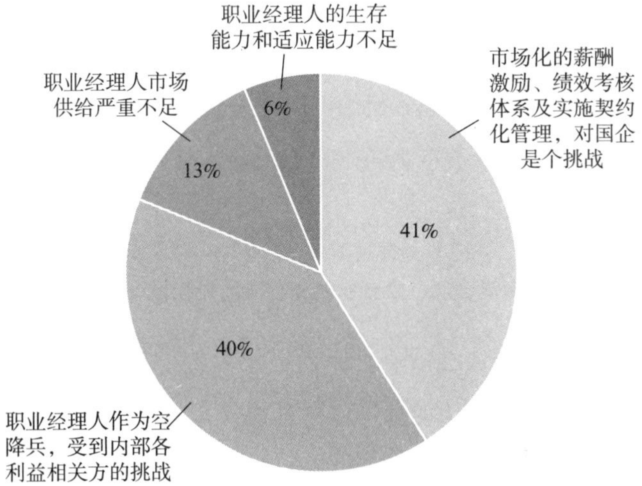

图 3－10　国企推进职业经理人制度试点改革的最大难点

首先，推行职业经理人制度需要持续推行、系统引进。在旧的机制体制里引进个别职业经理人，很难发挥职业经理人的作用。其次，在职业经理人的薪酬方面，初期与现有国企高管的差距不宜过大，现实中通常小于 1 倍差距较为容易执行。

9. 剥离企业办社会职能和解决历史遗留问题试点

遵循原则剥离企业办社会职能和解决历史遗留问题，是能否顺利推进改革的重要前提。63% 的调研企业认为改革过程中要侧重平衡政府和企业所能承担的成本，以社会稳定为主。仅有 20% 的调研企业认为应该完全市场化（见图 3－11）。从调研结果不难看出，该项试点未来势必需要面对各种职工安置与费用处理问题、引入社会资本参与问题、需要政府提供一定政策与资金支持问题，各方矛盾交织，将是十项改革试点中相对敏感、相对棘手的部分。

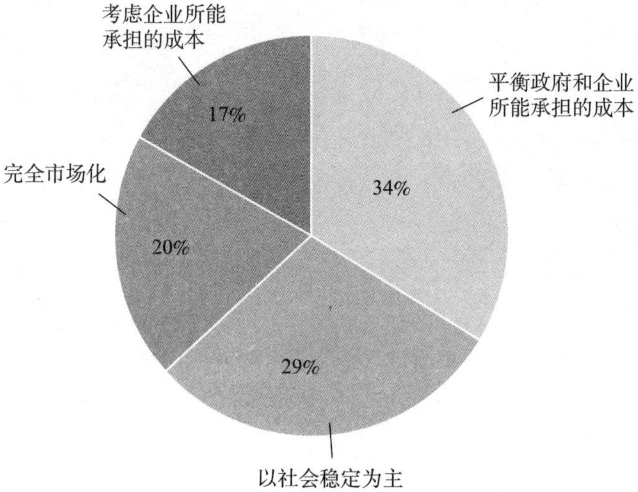

图 3-11 剥离企业办社会职能和解决历史遗留问题的侧重点

以上，针对各项难点与挑战，我们解读原因并提出了一些初步建议。以下将通过三个案例，介绍实际操作中的解决思路和方案，以期为读者提供参考和借鉴。

国企人才体系转型案例与思考

[案例一]

某国企借混合所有制改革重组董事会、完善公司治理

背景

某地方国企为某省属国有企业集团全资子公司，董事均为集团派驻，股东会与董事会权限未能实现分层设置，董事会形同虚设。作为省属国资委国企改革试点，希望通过引进战略投资者实现混合所有制改革，在现有董事会基础上重组董事会，完善现代化公司治理。

挑战

（1）董事会席位分配难度大，一方面要保护战略投资者和中小股东的权益，另一方面也要保证国有资本在某些特定事项上尤其是涉及国家利益、公众利益时的话语权。

（2）党委会与领导班子既有部分人员重合，又有差异，如何实现各个会议运作高效，且能保障党委组织在企业中的政治核心领导作用？

（3）当前集团母子公司管控模式下对企业重大事项的审批流程与董事会审议流程需要理顺，改变过去集团审批为主、董事会一年召开一次、走形式的做法。

解决方案与思路

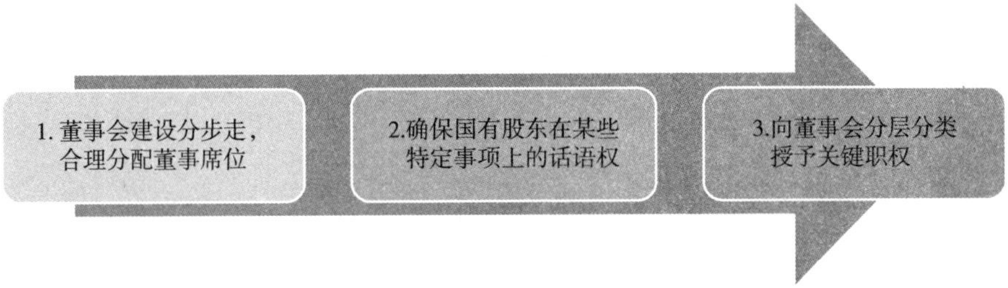

图 3－12　董事会重组步骤

1. 董事会建设分步走，合理分配董事席位，保障决策高效。

（1）董事会人员规模按照精简高效与分步扩展原则进行完善：当前阶段为 5 人，且全部为集团派驻；混改后第一阶段设置为 7 人，调减集团董事名额，增加执行董事、职工董事、战略投资者派驻席位；混改后第二阶段启动上市计划，逐步提升独立董事占比，调整扩增为 9 人。

（2）明确董事提名规则：协助该国企对混改后的股权结构可选方案进行顶层设计。制定董事提名规则，推演不同股权结构方案下董事席位情况，据此再对提名规则进行验证、调整，并设计特殊情形下的应对机制，如可获得董事会席位的最低持股比例限定、一致行动人条款等。其中，董事长将由国有股东提名，董事会选举产生。

（3）专门委员会按照分步走规则构建：当前仅仅设置战略、薪酬考核、审计三个委员会，未来逐步增设其他专门委员会，在上市前构建完毕。

2. 确保国有股东在某些特定事项上的话语权。

（1）普通事项、重大事项实行董事会一人一票表决制度，分别实行1/2通过与2/3通过的表决权规则。

（2）基于公司行业特点设立特别事项。该国企虽然大部分业务都属于竞争性业务，但由于身处敏感行业，需要确保国有股东在某些特定事项上的话语权。在符合《公司法》的相关规定情况下，明确涉及国家利益和公众利益的特别事项，董事长拥有一票否决权。

3. 向董事会下放关键职权、赋予制度保障。

（1）在国有企业集团化母子公司管控与双层董事会治理之间寻找平衡，理顺集团审批流程与董事会治理流程。

（2）明确股东会、董事会、领导班子会议与党委会在审议决策中的顺序，确保党组织在混改之后作为企业的政治领导核心的组织地位，在“三重一大”的问题上根据党中央总体部署，针对本企业的定位和实际情况提出建议和意见。

（3）明确不可授权范围（如准备一份负面清单），对可授权范围采取分步走策略：与人力资本相关的决策权包括高级管理人员选聘、业绩考核、薪酬管理和工资总额备案制管理等，均从出资人平稳移交董事会；战略、投融资管理、财务管理领域相关的决策权，按照重要性、规模相关性，分层设计股东会与董事会的清晰职责划分界面。

[案例二]

某国企引进投资者过程中设计员工持股计划，破解内在激励约束难题

背景

某地方国企被当地政府选为首批混合所有制改革试点，拟与引进投资者同期实施员工持股计划，帮助企业建立起长效激励与约束机制，打

造企业与员工的利益共同体，同时增强外部投资者信心。

挑战

（1）根据《公司法》《证券法》《非上市公众公司监督管理办法》的相关规定，上市时股东人数不得超过200人，但当前该国企在职员工人数5000余名，面对广大员工较为强烈的持股诉求和期望与政策限制，员工持股范围的确定成为待解难题。

（2）作为非上市公司，股权流通性受到限制，如何在内部构建股份流转机制，确保股权有序流转，很大程度上影响着员工参与持股的积极性。

（3）该企业员工年度薪酬并不高，而公司资产存量大、本次与战略投资者同股同价导致入股价格较高，员工入股出资压力大，成为制约持股计划顺利推行的重要因素。

解决方案与思路

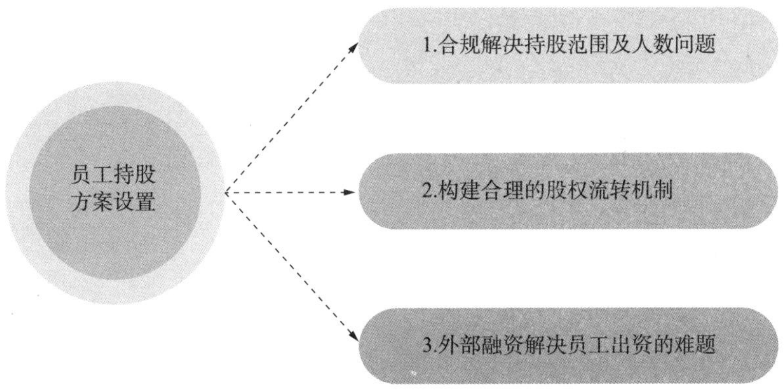

图3－13　员工持股方案的设置要点

1. 合规解决持股范围与人数问题，强化员工沟通与引导。

（1）基于合规操作的原则，持股计划严格遵循相关政策，持股人数限制在200人以内，从岗位职级、司龄等维度设置明确可衡量的筛选条件，确保内部公平性。

（2）对于未能纳入持股计划的部分骨干员工，向监管机构申请设立激励基金计划。混改后的企业如果能够实现超额业绩，可以从超额业绩中提取部分比例作为现金激励，通过此方式，在不影响公司股权结构的前提下，使更多员工能够享受到混改以及之后企业业绩提升带来的红利。

（3）通过访谈、职代会等各种形式强化员工沟通与引导，明确持股计划“收益与风险并存”的双向性，强调开放机制即未来员工通过自身努力符合筛选条件后仍可以参与持股，防止未能持股员工产生企业混改与自身无关的误解，甚至阻碍混改推进。

2. 构建合理的股权流转机制，避免持股固化。

（1）持股计划采取员工通过设立三家持股载体间接持股的方式，方便通过持股载体对股权采取统一管理。

（2）建立持股计划的动态调整机制，新符合条件的员工可以后续加入，不符合筛选条件的参与对象要强制退出。另外满足锁定期后可在每年开放的窗口期在持股载体平台上转让所持股份，构建内部流通机制，增强股权流动性。

（3）提前约定好特殊情形下的调整机制。对于股权流转中发生各种极端情形，如股权退出无人接收、没有充足股权可供后续加入激励对象认购等特殊情形，预先设计好可选调整路径，确保激励计划在任何情况下的调整都有事先约定路径，力求避免未来的股权纠纷。

3. 设计多样化融资渠道，解决部分员工出资压力大的难题。

（1）在股权结构顶层设计时便同步测算员工持股出资压力，据此设置相对合理的员工持股总体比例。

（2）对于部分出资压力确实较大的参与对象，与当地多家金融、类金融机构沟通设计多样化融资渠道，根据持股方案定制融资产品方案，明确融资额度、利率以及还款方式等，参与对象可以根据自身实际情况及风险承受能力等选择适合自己的融资产品，解决出资难的问题。

[案例三]

某国企审慎合规进行职工安置与费用处理，合理维护职工利益

背景

某国企正在推动混合所有制改革试点，需要对混改过程中涉及的职工安置及劳动保障费用进行妥善处理，在依法维护职工合法权益的前提下，推动改革的顺利进行，确保企业能够轻装进入市场。

挑战

(1) 有关职工安置及劳动保障费用处理问题，实际上是政策性相对较强的一项工作，上一轮国企改制时存在部分政策进行规范，但是此次国企混改属于新情况，如何进行处理并没有最新政策可以参考，这成为本项工作的最大挑战。

(2) 混改股权设置方案不排除未来国有股权逐步稀释、转变为国有参股的可能，在政策尚不明朗的情况下，职工普遍期待上一轮国企改制被很多企业采用的“身份转换”与“经济补偿”能够继续沿用。

(3) 除了身份转换的经济补偿，作为具有60多年历史的国有企业，还存在大量其他历史遗留问题，例如，一系列统筹外的福利与费用，包括离退休人员与内退职工的相关福利与费用、1998年住房改革时产生的住房补贴福利等，涉及范围较广、金额较高，如何处理均是比较现实的棘手问题。

解决方案与思路

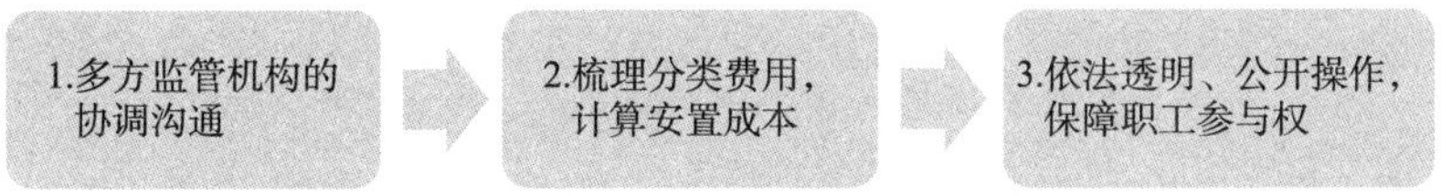

图3-14　员工安置及费用处理问题要点

1. 就相关政策与多方监管机构进行确认，达成多方面共识。

鉴于加快剥离国有企业办社会职能和解决历史遗留问题相关操作指

引尚未正式出台，混合所有制改革中如何进行员工安置、劳动保障费用处理只能暂时参考过往国企改制的相关政策。就此企业与地方监管机构（如国资委、人社厅）进行多次沟通，确认本轮改革是否属于改制序列，以及过往政策细节对本次混改新情况的适用性。

2. 基于不同政策对相关费用进行梳理分类，设计差异化解决方案，计算改革安置成本。

（1）基于监管沟通，对企业现行各项职工安置及劳动保障费用项目进行梳理，大致划分为两类：一类为有明确政策可以遵循的费用项目；另一类为无政策可依或者政策界定模糊的费用项目，如身份转换的经济补偿、住房补贴福利（本项目中该项金额较高，涉及上亿元），与相关部门另行沟通，探讨处理方式。

（2）最终费用处理方案分为三种：本次改革一次性结清后续不再发放型、混改后保留继续发放延续型、清理不规范补贴费用合规纳入工资薪金所得型。

3. 依法透明、公开操作，保障职工知情权及参与权，程序合规。

（1）通过问卷调研、职工座谈等形式充分听取员工意见，充分保障职工的参与权、知情权和监督权。

（2）职工安置最终方案经职工代表大会审议通过并形成决议，由主管部门及相关部门审查，公示无异议后实施，确保整个过程操作公开、流程合规、依法透明。

德勤说

人是生产力中最具有决定性的力量和最活跃的因素，国有企业人才体系转型升级、激发内部人力资源活力是增强微观市场主体活力、推进国资国企改革的重要内容。

回顾自 2013 年以来的改革，我们看到了从“1 + N”政策体系，到“十项改革试点”、国企改革“双百行动”，再到“创建世界一流示范企业”等一系列坚定步伐，改革一直在向纵深推进、向实处着力。国有企业人才体系转型升级也伴随改革深入，进入“施工高峰期”和“落地生根期”，有待未来继续深化。

（1）落实工资总额管理改革，增强企业活力。政策层面，2019 年开始《中央企业工资总额管理办法》（国资委令第 39 号）在中央企业范围内正式落地实施，相关配套政策体系将不断完善；操作层面，有待企业呼应政策，切实推进，搞好、搞活企业内部分配，构建内部管理人员能上能下、员工能进能出、收入能增能减的市场化劳动用工和收入分配管理机制，不断增强自身活力与竞争力。

（2）推行职业经理人制度，发挥企业家作用。职业经理人制度改革是在工资决定机制之外，促进三项制度改革突破和落实的另一重要抓手，2018 年国企改革“双百行动”也提出在完善市场化经营机制方面率先突破，重点是全面推行经理层成员任期制和契约化管理，按照“市场化选聘、契约化管理、差异化薪酬、市场化退出”原则，大力推行职业经理人制度，畅通现有经营管理者与职业经理人身份转换通道，充分发挥企业家作用。实践中许多国有企业结合实际情况的探索已经积累了不少有益经验，未来可以逐步总结，实现党管干部和董事会依法选聘有机结合的国有企业职业经理人模式。

（3）统筹用好丰富化的中长期激励工具，调动改革积极性。伴随着政策的不断完善，国有企业中长期激励工具日渐丰富化，包括混合所有制企业员工持股、国有控股上市公司股权激励与员工持股计划、国有科技型企业的股权出售、股权奖励、股权期权、项目收益分红与岗位分红等多种形式的激励计划。基于政策的支撑，从央企到地方国企的实践在不断推进：截至 2018 年 11 月全国近 200 家企业开展混合所有制企业员工持股领域试点①；2018 年 35 家 A 股国有上市公司公告股权激励方案②。在方案审批方面，2017 年《国务院国资委以管资本为主推进职能转变方案》（国办发

① 数据来源：国务院国资委党委委员、副主任翁杰明署名文章《积极有序推进新时代国有企业混合所有制改革》。

② 数据来源：Wind 数据库 2018 年内公告预案的 A 股上市国有企业，剔除同年内公告预案且停止实施的样本。

〔2017〕38号）将中央企业子企业股权激励方案的审批权限下放给企业集团，但实践中也看到部分央企集团在审批子企业股权激励方案时还存在一定的困惑，这需要进一步明确职责边界、增强对相关政策的理解能力，确保权利放得下、接得住。

（4）妥善解决职工安置，助力改革稳妥落地。对于剥离企业办社会职能和解决历史遗留问题中的职工安置问题，一方面需要完善细化职工安置、劳动保障费用等相关配套政策，实现有章可循；另一方面需要平衡政府、企业、职工三方各自承担的成本，对于改革成本的资金缺口，引入社会资本、发挥市场作用可为解决途径之一。国企改革中的职工安置与职工利益切身相关，保障改革中的社会稳定是重中之重，这有赖于地方国资监管机构与人力资源社会保障厅联合发挥作用，梳理历史各个改革阶段曾沿用的政策法规，因时制宜、因企制宜给予指导，明确职工安置的审批程序、计算职工安置费用基准日、理顺不同人员劳动关系并分类处理（如在职职工、离退休人员、停薪留职离岗人员、挂名挂靠人员、职工遗属等）以及合规合法进行相关费用的扣除、预提、支付等财务处理。

本章于2016年8月在德勤中国官方网站首次发表，再版时于2019年1月更新修改。

思考四

如何改组和组建国有资本投资、运营公司

国有企业在中国经济中的作用举足轻重。进入 2018 年全球 500 强的 120 家中国企业（含 9 家台湾公司和 8 家香港企业）当中，国企共 82 席，占 68%。但是，许多国企“大而不强”，存在“政企不分”“政资不分”等问题，影响国企现代企业制度的完善和运营效率的提高。本轮国企改革的最终目的是在中国经济进入新常态的新阶段，通过提高国有企业的运营效率和抗风险能力，有效发挥国有企业在我国经济地位中的主导作用，推动我国经济实现由高速增长向高质量增长转变。而改组和组建国有资本投资公司、运营公司正是在这一背景下，国资国企改革向以“管资本为主，加强国有资产监管，改革国有资本授权经营体制”方向的创新和尝试。

改组和组建国有资本投资、运营公司的政策解析

随着本轮国企改革工作的持续深化，国有资本投资、运营公司的改建和组建正在进一步提速推进。作为本轮改革中最富创新性的举措，国有资本投资公司、运营公司承担着以“管资本”为主改革国资管理体制、提高国有资本配置和运营效率、实现国有资产保值增值等多重改革任务。

长期以来，国有资本分布较为分散，运营效率较为低下。虽然建立了国有资产统一监管体制，但国有资本相对固化的局面尚未打破。一方面部分国企结构调整所需资金筹集困难，过度依赖债务融资，财务负担沉重，在国家亟须投入的领域难以迅速投入；另一方面巨额国有资本却处于闲置状态。与此同时，由于“政企不分”（政府既是出资人，又是监管者）以及“政资不分”（政府既是国有资本所有者，又是国有资本投资运营者）的现状，国有企业治理结构难以实现根本

性改善，生产经营受外部市场波动影响较大。为此，亟须设立国有资本投资、运营公司，对现有的国有资本进一步统一筹划，有效利用闲置的国有资本，将运营效率不高的资本投入到回报更高的领域，提高国有资本整体运营效率和效益，加快国有经济布局调整。国有资本需有进有退，配合国家战略需求，将资本和融资有效结合，以投资手段促进国有资本合理流动、优化配置。

1. 改组和组建国有资本投资、运营公司的政策进展

2013 年 11 月，党的十八届三中全会通过《中共中央关于全面深化改革若干重大问题的决定》，该决定首次提出将“改革国有资本授权经营体制，组建若干国有资本运营公司，支持有条件的国有企业改组为国有资本投资公司”，并说明了改组和组建国有资本运营公司的主要目的：①“以管资本为主”完善国资监管方式；②加快国有经济布局结构调整，避免重复建设、恶性竞争，切实提高资源配置效率；③重塑有效的企业运营架构，促进国有企业进一步转换机制。

2015 年 8 月，被视为本轮国企改革“顶层设计”的《关于深化国有企业改革的指导意见》进一步提出国有资本投资、运营公司的运营模式：发挥国有资本投资、运营公司的作用，通过开展投资融资、产业培育、资本整合，推动产业集聚和转型升级，优化国有资本布局结构；通过股权运作、价值管理、有序进退，促进国有资本合理流动，实现保值增值。

2015 年 10 月，22 号文的配套文件《关于改革和完善国有资产管理体制的若干意见》进一步明确了改组/组建国有资本投资、运营公司的具体路径：①国有资本运营公司：通过划拨现有商业类国有企业的国有股权，以及国有资本经营预算注资组建，以提升国有资本运营效率、提高国有资本回报为主要目标，通过股权运作、价值管理、有序进退等方式，促进国有资本合理流动，实现保值增值；②国有资本投资公司：通过选择具备一定条件的国有独资企业集团改组设立，以服务国家战略、提升产业竞争力为主要目标，在关系国家安全、国民经济命脉的重要行业和关键领域，通过开展投资融资、产业培育和资本整合等，推动产业集聚和转型升级，优化国有资本布局结构。2018 年 7 月，国务院正式发布国发〔2018〕23 号

文，明确了推进国有资本投资、运营公司改革试点的实施意见，定义了国有资本投资公司、运营公司的功能定位，同时在组建方式、授权机制、治理结构、运营模式以及监督约束机制、实施步骤六大方面提出了具体的要求。

（1）功能定位：明确了国有资本投资公司、运营公司的功能定位。国有资本投资公司主要以服务国家战略、优化国有资本布局、提升产业竞争力为目标，以对战略性核心业务控股为主，通过开展投资融资、产业培育和资本运作等，发挥投资引导和结构调整作用，推动产业集聚、化解过剩产能和转型升级，培育企业核心竞争力和创新能力；国有资本运营公司主要以提升国有资本运营效率、提高国有资本回报为目标，以财务性持股为主，通过股权运作、基金投资、培育孵化、价值管理、有序进退等方式，盘活国有资产存量，引导和带动社会资本共同发展，实现国有资本合理流动和保值增值。

（2）组建方式：国有资本投资公司、运营公司均可采取改组或新设两种方式设立。同时，根据公司定位可以通过无偿划转或市场化方式整合相关国有资本，股权划转涉及上市公司的，应符合证券监管相关规定。

（3）授权机制：分为国资监管机构授权与政府直接授权两种模式。国资监管机构授权模式要求按照“一企一策”原则由政府授权国资监管机构依法对国有资本投资公司、运营公司履行出资人职责，制定监管与责任清单，明确监管内容和方式并负责对其进行考核与评价；政府直接授权模式要求政府直接授权国有资本投资、运营公司对授权范围内的国有资本履行出资人职责，定期向政府报告年度工作情况、重大事项并由政府对其进行考核与评价。

（4）治理结构：进一步做实党委会、经营班子会与董事会。首先，要求把加强党的领导与完善公司治理进行统一，党委书记与董事长一般由同一人担任，并将党委会前置于经理层与董事会，对于重大经营管理事项先组织党委会进行研究讨论；其次，要求董事会人数不少于 9 人，其中外部董事占多数，董事长与总经理原则上不得由同一人担任，同时董事会须下设四大委员会；再次，中管企业改组组建的国有资本投资、运营公司，领导班子及其成员由中央管理，非中管中央企业改组组建或新设国有资本投资、运营公司，领导班子及其成员的管理按照干部管理权限确定；最后，政府直接授权的国有资本投资、运营公司党组织隶属中央或地方党委管理，领导班子及其成员由中央或地方党委管理。

（5）运行模式：对组织架构、财务管理、收益管理以及考核机制提出了新的要求。首先，国有资本投资、运营公司需按照市场化、规范化、专业化的管理导向，建立职责清晰、规范高效的组织架构与管控模式；其次，国有资本投资、运营公司应当遵循国家有关财务制度，加强公司财务管理，防范财务风险，切实提高运营效率；再次，国有资本投资、运营公司应当按照相关法律和公司章程，及时依法依规上交国有资本收益及使用管理留存收益；最后，对国有资本投资公司的考核应侧重于执行公司战略和资本回报状况，对国有资本运营公司的考核应侧重于国有资本流动和保值增值状况。

（6）实施步骤：国有资本投资、运营公司试点工作应分级组织、分类推进、稳妥开展，并根据试点进展情况及时总结推广有关经验。中央层面，继续推进国有资产监管机构授权的国有资本投资、运营公司深化试点；地方层面，试点工作由各省级人民政府结合实际情况组织实施。

2. 从中央到地方试点陆续展开

继 2014 年 7 月宣布中粮集团和国投公司为国有资本投资试点公司后，国务院国资委于 2016 年 2 月宣布诚通集团、中国国新两家为国有资本运营试点公司。紧接着 2016 年 7 月又宣布新增 7 家国有资本投资试点公司，包括神华集团、宝钢、武钢、中国五矿、招商局集团、中交集团和保利集团。目前已公布的国有资本投资、运营公司试点的央企达到 11 家。地方政府、国资委也正在积极部署国有资本投资公司、运营公司的试点。自 2017 年以来，广东省、浙江省、陕西省、河北省、湖北省积极开展国有资本投资、运营公司推广实施工作，目前已经公布的中央和地方的国有资本投资、运营公司超过了 110 家。

表 4－1　国有资本投资公司和国有资本运营公司试点名单（部分）①

<table>
<tr><th>区域</th><th>省份</th><th>国有资本投资公司</th><th>国有资本运营公司</th></tr>
<tr><td rowspan="9">中央</td><td rowspan="9"></td><td>国家开发投资公司</td><td>中国诚通控股集团有限公司</td></tr>
<tr><td>中粮集团有限公司</td><td>中国国新控股有限责任公司</td></tr>
<tr><td>神华集团有限责任公司</td><td rowspan="7"></td></tr>
<tr><td>宝钢集团有限公司</td></tr>
<tr><td>武汉钢铁集团</td></tr>
<tr><td>中国五矿集团公司</td></tr>
<tr><td>招商局集团</td></tr>
<tr><td>中国交通建设集团有限公司</td></tr>
<tr><td>中国保利集团公司</td></tr>
<tr><td>东北</td><td>辽宁</td><td></td><td>辽宁省国有资产经营有限公司</td></tr>
<tr><td rowspan="3">华北</td><td rowspan="2">山西</td><td colspan="2">山西焦煤集团有限公司</td></tr>
<tr><td></td><td>√ 山西省国有资本投资运营公司</td></tr>
<tr><td>河北</td><td></td><td>√ 河北省国有资产控股运营有限公司</td></tr>
<tr><td rowspan="9">华中</td><td rowspan="5">河南</td><td>河南投资集团有限公司</td><td></td></tr>
<tr><td></td><td>河南省国有资产控股运营集团有限公司</td></tr>
<tr><td colspan="2">河南能源化工集团有限公司</td></tr>
<tr><td colspan="2">中国平煤神马集团</td></tr>
<tr><td colspan="2">郑州煤炭工业（集团）有限责任公司</td></tr>
<tr><td rowspan="2">湖北</td><td colspan="2">湖北省宏泰国有资本投资运营集团有限公司</td></tr>
<tr><td>√ 湖北省襄阳市汉江国有资本投资集团有限公司</td><td></td></tr>
<tr><td rowspan="2">湖南</td><td colspan="2">√ 湖南湘投控股集团有限公司</td></tr>
<tr><td>湖南兴湘投资控股集团</td><td></td></tr>
<tr><td rowspan="6">华东</td><td rowspan="6">山东</td><td colspan="2">山东省国有资产投资控股公司</td></tr>
<tr><td colspan="2">山东鲁信投资控股集团</td></tr>
<tr><td colspan="2">兖矿集团有限公司</td></tr>
<tr><td colspan="2">山东能源集团有限公司</td></tr>
<tr><td colspan="2">华鲁控股集团有限公司</td></tr>
<tr><td colspan="2">山东黄金集团有限公司</td></tr>
</table>

① 表中“√”为 2017 年后新增试点。

续表

<table>
<tr><th>区域</th><th>省份</th><th>国有资本投资公司</th><th>国有资本运营公司</th></tr>
<tr><td rowspan="17">华东</td><td rowspan="7">山东</td><td colspan="2">山东高速集团有限公司</td></tr>
<tr><td colspan="2">山东省商业集团有限公司</td></tr>
<tr><td colspan="2">山东钢铁集团有限公司</td></tr>
<tr><td colspan="2">齐鲁交通发展集团有限公司</td></tr>
<tr><td colspan="2">山东省土地储备开发集团有限公司</td></tr>
<tr><td colspan="2">山东省财金投资集团有限公司</td></tr>
<tr><td colspan="2">山东发展投资控股集团有限公司</td></tr>
<tr><td rowspan="2">上海</td><td>上海国际集团有限公司</td><td rowspan="2"></td></tr>
<tr><td>上海国盛（集团）有限公司</td></tr>
<tr><td>江苏</td><td>江苏省国信资产管理集团有限公司</td><td></td></tr>
<tr><td rowspan="3">浙江</td><td></td><td>浙江省国有资本运营有限公司</td></tr>
<tr><td colspan="2">√ 浙江省能源集团</td></tr>
<tr><td colspan="2">√ 浙江省交通集团</td></tr>
<tr><td rowspan="2">安徽</td><td colspan="2">安徽省投资集团控股公司</td></tr>
<tr><td colspan="2">安徽省国有资产运营公司</td></tr>
<tr><td>福建</td><td>福建省投资开发集团有限责任公司</td><td>厦门市政集团有限公司</td></tr>
<tr><td>江西</td><td colspan="2">江西省投资集团公司</td></tr>
<tr><td rowspan="5">华南</td><td rowspan="2">广东</td><td>广东粤海控股集团有限公司</td><td>广东恒健投资控股有限公司</td></tr>
<tr><td>广新控股集团有限公司</td><td></td></tr>
<tr><td rowspan="2">广西</td><td colspan="2">广西投资集团有限公司</td></tr>
<tr><td colspan="2">√ 广西宏桂资产经营（集团）有限责任公司</td></tr>
<tr><td>海南</td><td>海南发展控股有限公司</td><td>海垦控股集团</td></tr>
<tr><td rowspan="9">西南</td><td rowspan="3">重庆</td><td rowspan="2">重庆化医集团</td><td>重庆渝富集团</td></tr>
<tr><td>重庆水务资产</td></tr>
<tr><td>重庆机电集团</td><td>重庆地产集团</td></tr>
<tr><td>云南</td><td colspan="2">云南省建设投资控股集团有限公司</td></tr>
<tr><td>贵州</td><td colspan="2">贵州产业投资（集团）有限责任公司</td></tr>
<tr><td rowspan="4">四川</td><td colspan="2">四川省投资集团有限责任公司</td></tr>
<tr><td colspan="2">四川省能源投资集团有限责任公司</td></tr>
<tr><td colspan="2">四川发展（控股）有限责任公司</td></tr>
<tr><td colspan="2">四川省铁路产业投资集团公司</td></tr>
</table>

续表

<table>
<tr><th>区域</th><th>省份</th><th>国有资本投资公司</th><th>国有资本运营公司</th></tr>
<tr><td rowspan="2">西南</td><td rowspan="2">四川</td><td colspan="2">四川省交通投资集团公司</td></tr>
<tr><td colspan="2">四川长虹电子控股集团有限公司</td></tr>
<tr><td>西北</td><td>宁夏</td><td></td><td>宁夏国有资本运营集团公司</td></tr>
</table>

这标志着国有资本投资、运营公司的改组和组建已由试点实施阶段正式步入在全国各地推广的阶段。全国各地推广的意义在于通过总结和学习试点国有资本投资、运营公司的运行机制，企业与政府及所投资企业的关系，推广此种模式，最终实现从“管资产”到以“管资本”为主的国资管理体制的改变。

改组和组建国有资本投资、运营公司作为一项创新改革，在组织结构、公司治理、运营机制等方面的设置与一般商业投资公司、现有的企业集团公司等必然存在一定差别。截至 2018 年 7 月，中央层面已经陆续出台系列政策文件来指导企业具体如何操作落地。作为国有资本投资、运营公司的高管来说，如何实现深层的政策目的，如何打造这两类公司的核心能力，如何处理上与国资委、下与所控/参股国企的工作界面和权责划分等，是亟待解决的巨大挑战。为了解他们最真实的现状和想法，2016 年 10 月，我们在已经公布成为国有资本投资、运营公司的众多试点中选取了部分高层管理人员完成了一次问卷调查。

关于“国有资本投资公司和运营公司”的调查问卷及解读

本次调研企业六成属于央企国有资本投资或运营试点公司，四成为省级试点公司。

1. 受访者构成属性

受访企业过半是央企国有资本投资或运营试点公司，38% 为省级试点公司。这说明国有资本投资公司和国有资本运营公司的改革从中央开始破局，并逐渐向地方推进。

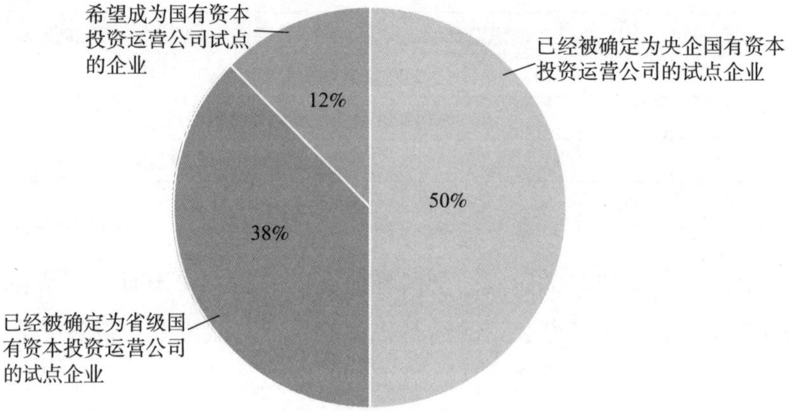

图 4－1　受访试点企业属性

2. 成立方式

超过八成的国有资本投资、运营公司在原来企业基础上改组而成，新建成的仅占 4%。

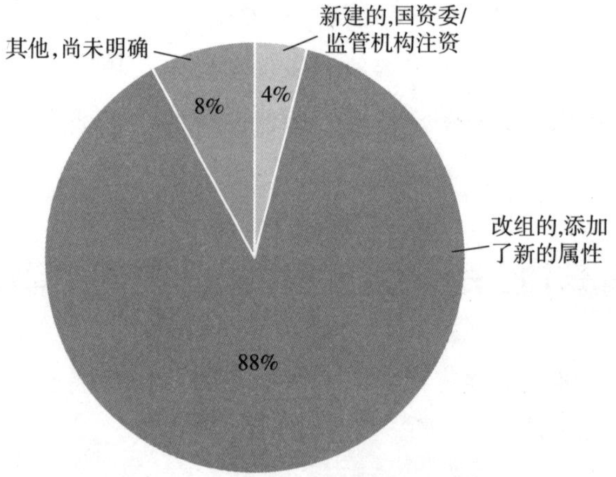

图 4－2　受访试点企业设立方法

3. 政策理解程度

有近七成受访者表示部分清楚国有资本投资公司和国有资本运营公司的功能定位、政策期望及两者的区别，还有 8% 表示不太清楚。国有投资公司和国有运营公司虽然都是“管资本”的载体，拥有许多共同点，但在功能定位、管控模式、发展方式等方面还是存在一定差别。弄清楚两者之间的相同和差异，是做好改革试点的前提。对国有投资公司和国有运营公司功能定位和核心能力要求的异同分析，我们将在下一部分详述。

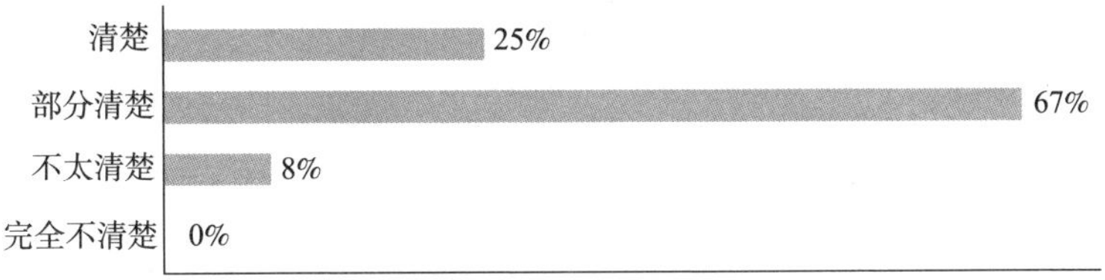

图4－3　对国有资本投资公司与运营公司区别的理解

4. 国有资本投资、运营公司的对标对象

无论是国有资本投资公司还是国有资本运营公司，国家主权财富基金/社保基金，如淡马锡，都被受访者选为排名第一的对标对象。淡马锡的成立和成功有其特殊的历史和政治经济环境，对中国国有资本投资、运营公司改革有一定借鉴意义，但无法照搬照抄。国有资本投资、运营公司是新生的模式，没有现成的案例可以参考模仿。我们访谈了发展改革委等相关政府部门，得到的反馈是各区域、各地方可自行探索；试点的意义正是在于开拓出前人未曾走过的路，而政策的解读需要发挥企业家的能动性。

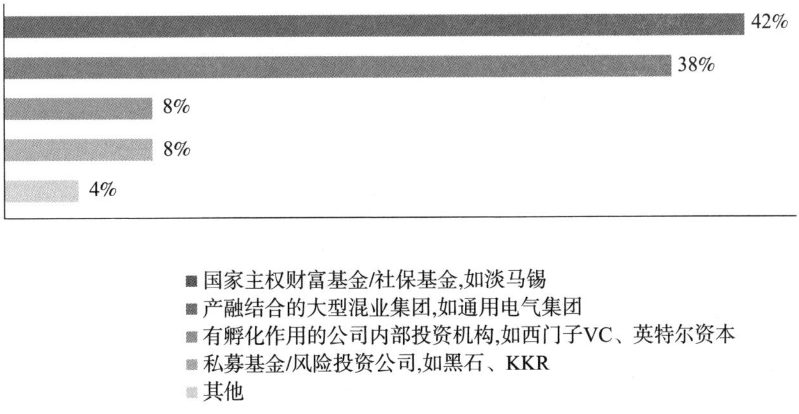

图4－4　国有资本投资公司对标对象

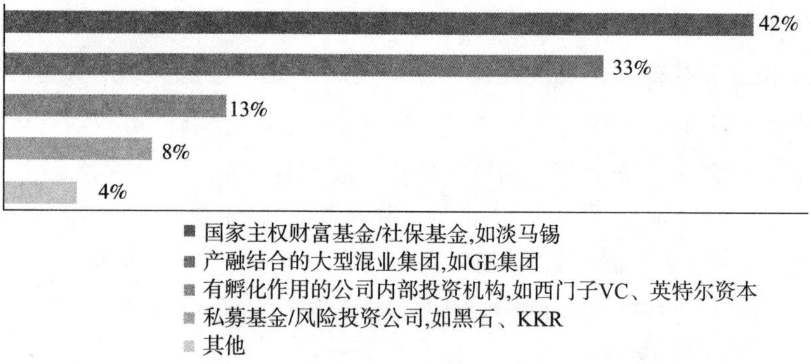

图 4-5 国有资本运营公司对标对象

5. 作为试点公司面临的挑战

受访高管认为此项改革面临的最大挑战中排名前三位的是：第一，核心能力建设，包括投融资能力、风险管控、资金管理能力、投后评估等；第二，完善董事会、监事会等治理结构，并使之真正发挥作用；第三，重新进行战略定位，找准下一步投资方向或发展的产业/业务组合；第四，明确和国资委/上级监管机构的权责划分。针对这些普遍存在的挑战，德勤已经在实践中探索出了一些解决方案，这些方案将在第四部分的案例中分享。

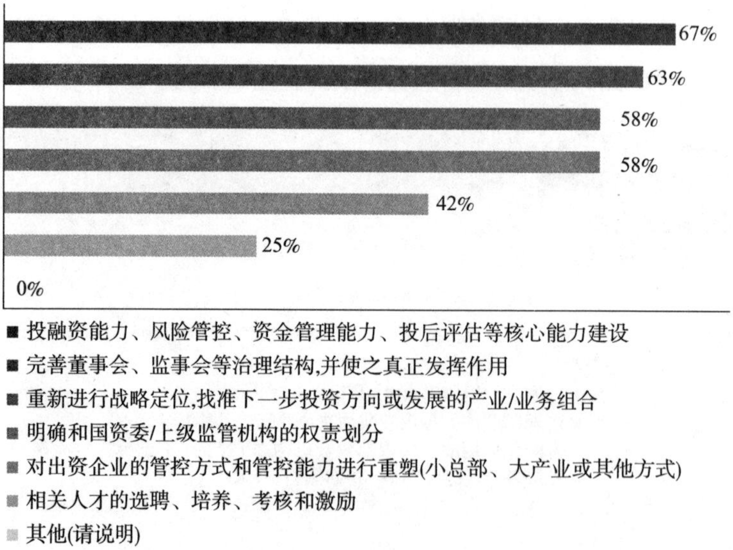

图 4-6 改组/组建国有资本投资公司和运营公司面临的挑战

6. 国有资本投资、运营公司的权责划分

如何明确划分国有资本投资、运营公司与国资委/上级监管机构的权责是此项改革是否成功的关键影响因素之一，超过九成受访者认为经营层应由企业自行以市场化的方式选聘及评价，而不是由党和政府监管机构指派。可见，选聘出对股东、董事会及员工负责的经营层，而不是仅对监管机构负责的经营层，是实现该项改革的最大突破口。除此之外，75%的受访者认为投资决策权应切实归属于企业经营者。只有将原本属于企业的投资决策权切实赋予经营者，才能使国有资本投资公司和运营公司呈现出持久的活力。明确国有资本投资、运营公司与国资委/上级监管机构的权责界限，是做实这两类试点公司的关键，我们将在下一部分详细分析。

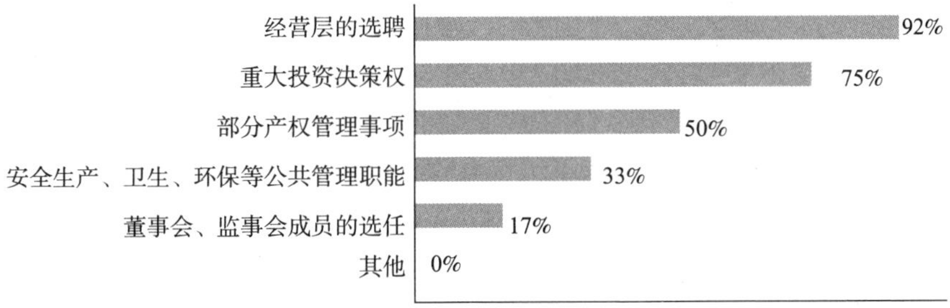

图4－7　国有资本投资公司和运营公司的管理权限

7. 国有资本投资、运营公司对出资企业的管控方式

接近九成的受访者将战略管控作为国有资本投资公司对出资企业的首选管控方式，而超过九成的受访者将财务管控作为国有资本运营公司对出资企业的首选管控方式。两者对于出资企业的管控模式存在明显的差异，主要是由于国家对于国有资本投资公司与运营公司功能定位存在差别。国有资本投资公司主要以实业投资为主，目标是培育新产业，提升产业竞争力，对出资企业进行战略管控是十分必要的；而国有资本运营公司主要以市场化资本运营为主，目标是推动国有资本的合理流动，故仅对出资企业按财务管控的方式管理即可。但皆不可极端化，多种管

控手段结合运用效果会更加理想。国有资本投资公司以战略管控为首选，财务和人事等管控手段的使用能保证战略的落实到位；国有资本运营公司以财务管控为首选，但其他管控方式的综合运用能保证股权流动有序顺畅。

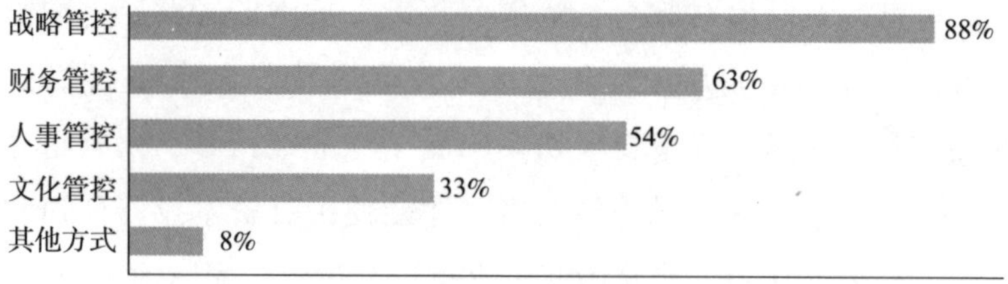

图 4-8 国有资本投资公司对出资企业的管控方式

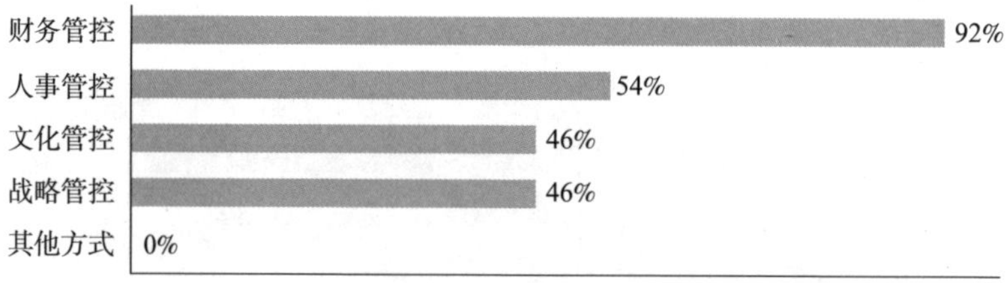

图 4-9 国有资本运营公司对出资企业的管控方式

8. 国有资本投资、运营公司亟待加强的自身能力

国有资本投资、运营公司作为一项制度创新，与现有的商业投资公司或运营公司的能力要求必然存在一些区别。无论是国有资本投资公司还是运营公司试点的受访者，都认为风险管控能力（约 90%）是最亟待加强的能力。可见，无论是以资本运营为主的国有资本运营公司还是以产业投资为主的国有资本投资公司，如何完善风险管控体系及相应的公司内部管理机制，增强国有资本抗风险能力，保障企业完成经营目标，是试点企业目前最为担心的问题。

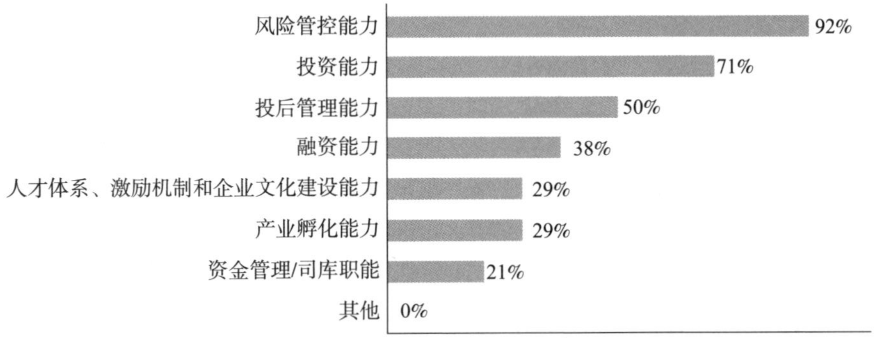

图4－10　国有资本投资公司亟待加强的自身能力

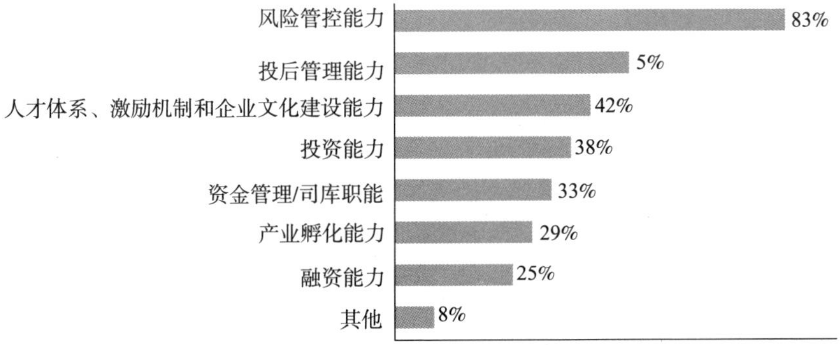

图4－11　国有资本运营公司亟待加强的自身能力

在了解了国有资本投资公司和运营公司高管最真实的想法和焦虑之后，我们将针对两类公司的功能定位和核心能力，分享我们的一些思考。

国有资本投资、运营公司的功能定位和核心能力分析：

改组和组建的国有资本投资公司、运营公司，应不同于之前各级政府设立的政府投融资平台公司。国有资本投资、运营公司是在国有出资机构（国资委）和实体企业之间组建的国有独资的、专门从事国有资本投资运营的法人，其作为连接国有资本出资机构和国家出资企业的中枢，在国有资本监管中处于承上启下的位置。一方面接受国有资本出资机构的委托，保证国有资本的保值增值；另一方面作为控参股企业国有股权的代表行使国有股东的权利。

国有资本投资公司的功能定位①是在关系国家安全、国民经济命脉的重要行业和关键领域，按照政府确定的国有资本布局和结构优化要求，以对战略性核心业务控股为主，通过开展投、融资、产业培育和资本运作等，发挥投资引导和结构调整作用，推动产业集聚、化解过剩产能和转型升级，培育核心竞争力和创新能力，积极参与国际竞争，着力提升国有资本控制力、影响力。国有资本投资公司的目标是服务国家战略、优化国有资本布局、提升产业竞争力。国有资本投资公司侧重于纠正和弥补市场失灵，在信息不对称和自然垄断的领域、市场无力或不愿意投资但对国民经济特别重要的领域以及关系国家安全和国民经济命脉的领域发挥重要作用。国有资本投资公司旨在实施国家对经济发展方向的引导，实现政府的公共政策目标，通过资本投资而不是行政权力保持对国有经济的控制力和影响力。

国有资本运营公司的功能定位②是以财务性持股为主，通过股权运作、基金投资、培育孵化、价值管理、有序进退等方式，盘活国有资产存量，引导和带动社会资本共同发展，实现国有资本合理流动和保值增值。国有资本运营公司主要按财务管控方式管理控股和参股企业，不深入参与控股和参股企业的日常经营。国有资本运营公司的目标是提升国有资本运营效率、提高国有资本回报。国有资本运营公司侧重于发挥市场机制的作用，推动国有资产形式由实物形态的“企业”转变为价值形态的资本，促进国有资本在资本市场上的流动，使国有经济布局和功能可以灵活调整，利用市场的力量让资本流动到最能发挥作用的地方。

表 4－2 国有资本运营公司资本运作方式

企业	合并、托管、收购、兼并、分立、重组、战略联盟
资产	剥离、置换、出售、转让、资产证券化
股权	发行股票、债券、配股、增发、转让股权、送股、转增、回购、MBO
融资	PE、VC、融资租赁
经营活动	PPP、特许经营

对于国有资本投资、运营公司的异同，我们总结的共同点如下：

①② 《国务院关于推进国有资本投资、运营公司改革试点的实施意见》。

（1）国有资本投资、运营公司都是国家授权经营国有资本的公司制企业，代表国家行使出资人的职责。

（2）国有资本投资、运营公司都是落实政府关于国有资本发展战略的实施载体，以国有资本的保值增值为目标。

（3）国有资本投资、运营公司都强调与所出资企业以资本为纽带的投资与被投资的关系，在投资管理、公司治理、职业经理人管理、管控模式、考核分配等方面，突出市场化的改革措施和管理手段，大力提升国有经济的活力、控制力和影响力。

（4）国有资本投资、运营公司都以资本为纽带、以产权为基础依法自主开展国有资本运作，不从事具体生产经营活动。

（5）国有资本投资、运营公司都是涉及国家安全的重要机构，将采用国有独资的形式。

我们梳理的区别如表4－3所示。

表4－3　国有资本运营公司与国有资本投资公司的区别

	国有资本运营公司	国有资本投资公司
功能定位	以资本运营为主；运营对象是持有的国有资本（股本），包括国有企业的产权和公司制企业中的国有股权	以产业资本投资为主，主要是投资实业，以投资融资和项目建设为主
管控模式	主要按财务管控方式管理控股和参股企业，不深入参与控股和参股企业的日常经营	主要按战略管控方式管理控股企业和参股企业，对日常经营进行监管
设立目标	推动国有资本合理流动，改善国有资本的分布和质量，提高社会资源配置效率，推动国有资本在运作中的增值	培育产业竞争力，将若干支柱产业和高科技产业打造成为优强民族产业，推动国民经济结构优化调整
发展方式	侧重于发挥市场机制的作用，通过兼并或分立、成立合资公司、培育上市公司、产权转让置换等开展股权运营，行使股权管理权利，在资本市场通过资本运作有效组合配置国有资本；国资有进有退，但侧重做“减法”	侧重于政府引导纠正和弥补市场失灵，通过产业资本与金融资本的融合，提高国有资本流动性，实施国家对经济的引导，实现政府特殊的公共目标；侧重做“加法”

基于以上对于国有资本投资、运营公司的功能定位等的分析，我们认为国有资本投资、运营公司需构建产业投资和资本运作两项核心能力，并

应具备以下特征：

（1）与政府监管机构划分高效清晰的监管界面，国有资本投资和运营公司要建立完善的董事会和监事会制度体系，国资监管机构通过派出董事和监事依据公司章程及议事规则参与公司治理，改变过去政府意志主导投融资平台公司发展的模式，实现国有资本投资和运营公司的市场化运作。

（2）建立完善健全的公司治理体系，设立党组织、董事会、经理层，建立健全权责对等、运转协调、有效制衡的决策执行监督机制，充分发挥党组织的领导作用、董事会的决策作用、经理层的经营管理作用。

（3）建立符合企业实际、科学合理的管控模式，调整优化国有资本投资和运营公司总部部门设置及职能设计，提升总部管控全局的能力，加强公司总部对全资、控股和参股企业的科学管理，针对不同行业、不同定位的下属单位科学确定管控策略。

（4）基于政府部署和市场战略两方面考虑形成公司产业发展布局，国有资本投资和运营公司是市场化运作企业，同时也是体现政府意志、推动国民经济布局和结构调整的载体，要结合两方面要求确定公司产业发展布局。

（5）建立体系完整、牌照齐全的金融板块，国有资本投资和运营公司构建产业投融资和资本运作核心能力，需要坚强完善的金融业务板块来提供支撑。

（6）培育加强具体项目的投融管退能力，国有资本投资和运营公司的经营目标是实现国有资本保值增值，建立高效卓越的具体项目投融管退能力是国有资本投资公司和运营公司开展日常经营活动的基础。

（7）建设筹融资和产融结合发展能力，国有资本投资和运营公司在公司内部建立产融结合发展机制，实现金融资源在公司内部的优化配置，有利于产业板块降低融资成本，金融板块降低业务风险，实现全公司业务的共同发展。

（8）建立企业全面风险管控能力，风险管控能力是现代企业健康发展必备的核心能力，国有资本投资和运营公司建立全面风险管控能力是保障企业完成经营目标，实现国有资产保值增值的基础。

(9) 建立健全企业国际化发展能力，党中央、国务院高度重视企业“走出去”，提出“一带一路”“产能合作”等重大战略，国有资本投资和运营公司要响应中央号召，顺应时代发展潮流，积极开拓海外市场，推动国内优势产能向海外转移，在全球范围内实现资本优化配置。

以“债转股”为例，我们可以看到对国有资本投资运营公司在资本运作方面的能力要求。国务院发布的《国务院关于积极稳妥降低企业杠杆率的意见》（国发〔2016〕54号）提出鼓励国有资本投资运营公司参与开展市场化债转股。依据该意见，鼓励国有资本投资运营公司对发展前景良好但遇到暂时困难的优质企业开展市场化债转股，其中包括因行业周期性波动导致困难但仍有望逆转的企业，因高负债而财务负担过重的成长型企业，特别是战略性新兴产业领域的成长型企业，高负债居于产能过剩行业前列的关键性企业，关系国家安全的战略性企业。符合上述市场化债转股条件的企业很多为大型央企或地方国企，国有资本投资运营公司对其实施债转股，一方面符合国有资本保值增值的要求，另一方面转股后作为控参股企业国有股权的代表行使国有股东的权利。国有资本投资运营公司进行市场化债转股可通过以下两种方式进行：

(1) 国有资本投资、运营公司直接与银行及债转股企业签订一揽子债转股协议，收购银行债权后实施转股成为转股企业股东，通过债转股企业的经营改善实现股权的保值增值。

(2) 国有资本投资、运营公司与银行所属实施机构、金融资产管理公司及保险资产管理机构等联合设立基金参与市场化债转股，解决央企和地方国企的债务问题，同时通过基金的优先劣后级安排保障国有资本投资运营公司投入的资源保值增值。

国有资本投资、运营公司的实践案例

德勤最近参与多家国有资本投资、运营公司的试点，为他们的改革方案出谋划策，并在实践中探索出了一些解决方案。下面分享几个针对普遍难点的解决方案。

国有资本投资、运营公司是政企分开的隔离层。国有资本投资、运营公司是市场化的出资人和国有资本运营机构，直接持有国有股权，仅以出资额为限对企业行使出资人权利，实现国有资本保值增值、布局调整和特定政策目标等功能。在管理上，应按照《公司法》的要求依法履行管理职责，实现“政企分开”。

[案例一]

国有资本投资、运营公司完善董事会、监事会等治理结构并明确和国资委/上级监管机构的权责划分

背景

该公司是某地方国有大型企业集团，被地方国资委确定为首批国有资本投资公司试点单位，需要按照国企改革要求改组国有资本投资公司并全面深化改革，其核心内容之一是要明确国资委与该国有资本投资公司的权责界面划分并完善法人治理结构。

挑战

目前在中央政策层面，并没有对国资委及国有资本投资、运营公司的权责界面划分的具体建议，只是要求国有资产监管机构要准确把握依法履行出资人职责的定位，科学界定国有资产出资人监管的边界，建立监管权力清单和责任清单，实现以“管企业”为主向以“管资本”为主的转变。该管的要科学管理、绝不缺位，不该管的要依法放权、绝不越位。这给该集团的改革带来了很大的挑战。

方案

该集团根据法律法规，结合国企改革相关文件精神和工作要求，梳理优化了国资委（股东）、党委会、董事会、监事会、经理层的治理结构。在该集团的治理结构中，各治理主体各司其职、各负其责，形成了权责明确、协调运转、有效制衡的治理机制，各治理主体积极发挥作用，共同为集团全面深化改革、转型升级贡献力量。

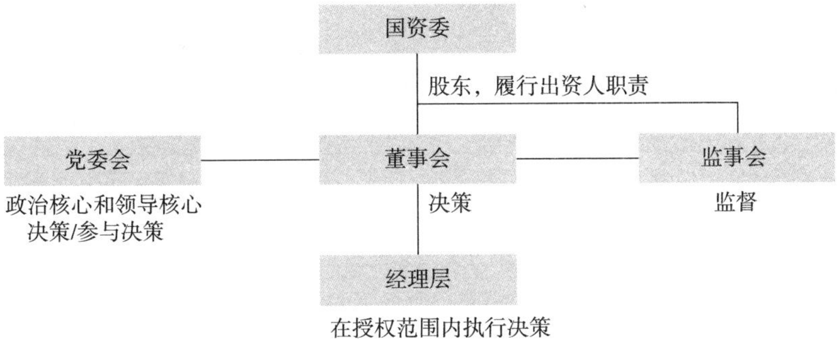

图 4－12　治理结构搭建

(1) 国资委（股东）与董事会治理关系。该集团是国有独资公司，国资委作为唯一股东，履行出资人职责，建立明确的监管权力清单和责任清单，既不越位也不缺位，同时结合《公司法》规定的股东权利和董事会职权，明确并强化董事会的地位，将董事会做实。

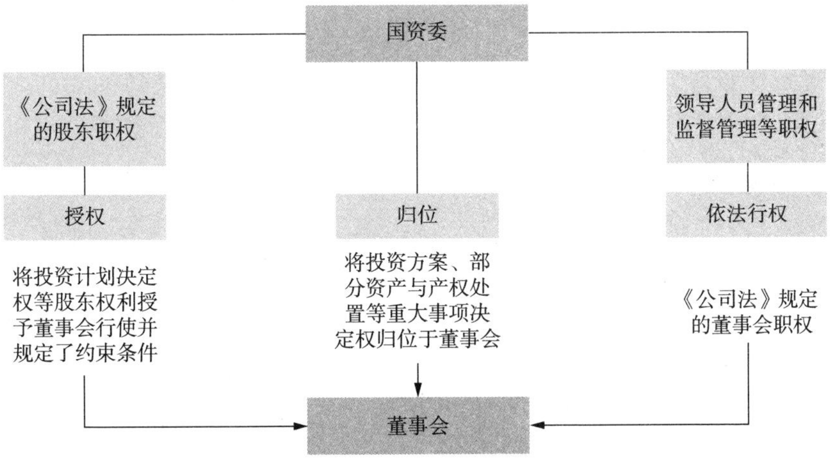

图 4－13　国资委与董事会治理关系

(2) 党组织的治理地位。该集团认真贯彻中共中央、国务院和地方政府的要求，始终在改革过程中坚持党的领导，加强党的建设，将党组织作为公司治理的重要组成部分，将加强党的领导和完善公司治理统一起来，明确党组织在法人治理结构中的法定地位，并将相关内容纳入

《公司章程》。

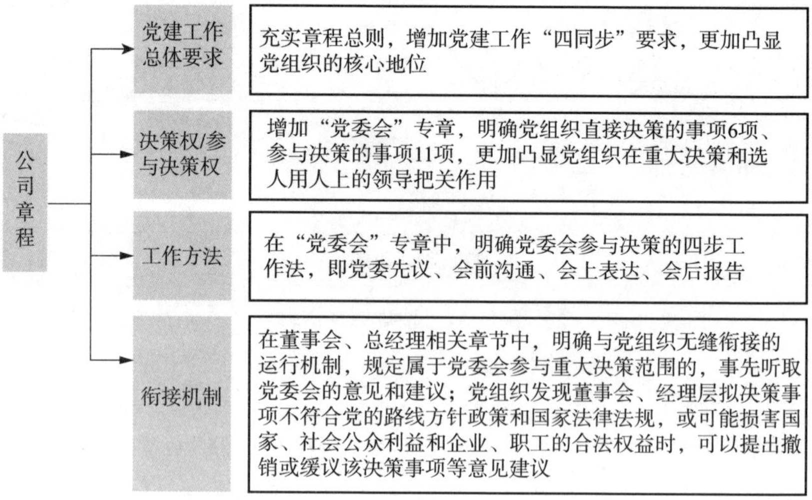

图4－14　党组织的治理地位

(3) 董事会与经理层的治理关系。该集团大力加强董事会建设，通过“内部董事＋专职外部董事＋兼职外部董事”的方式优化董事会人员结构，提升董事会的独立性、专业性；成立战略与投资委员会、薪酬与考核委员会、审计与风险控制委员会等专门委员会并建立配套的议事规则，优化董事会的运作机制，协助董事会充分发挥作用。董事会根据《公司法》的规定和国资委的授权，合理划分董事会和经理层的责权界面，并通过《公司章程》予以固化。同时建立经理层向董事会报告的机制，董事会可以监督检查经理层及其他人员执行董事会决议的情况。

(4) 监事会的治理作用。该集团高度重视监事会的治理作用。通过建立一系列管理制度，规范监事会的运行机制。成立纪检监察与审计部门和监事会办公室，打造大监督协调运转机制，形成监督合力。监事会成员根据需要列席总经理办公会、党委会、董事会等相关会议，监督高级管理人员和董事的履职情况，建立履职档案，定期向国资委报告。

[案例二]

国有资本投资、运营公司对出资企业的管控方式和管控能力重塑

背景

该国企是某大型央企集团企业，被国务院国资委确定为首批国有资本投资公司试点单位，成为国家授权经营国有资本的公司制企业。希望通过试点，为深化国企改革探索可复制、可推广的经验。

挑战

该集团最近几年的发展速度、经营绩效不如竞争对手，与行业领先企业的差距较大。且由于集团业务结构复杂，行业差别很大，在转变为国有资本投资公司后，对出资企业的管控难度将加大。据此，试点改革后，集团总部到底应该具备哪些职能和能力，应建立什么样的管理机制，都是困扰该集团领导的问题。

方案

按照“小总部、大产业”“集团化、专业化、差异化”的原则，重新梳理总部的职能，加强监督，建立与管资本相匹配的集团总部管理架构，针对下属企业特点实行差异化管控方式，丰富管控手段，强化管控能力。

(1) 集团总部实行以战略为核心的管理，通过战略的制定和分解、实施监控、绩效考核实现战略闭环管理。总部的职能集中于战略管理、投融资管理、监控管理、绩效管理四大职责，并据此优化集团总部组织结构。

(2) 以本轮国企改革为契机，尤其是结合混改，明确党组织在公司治理结构中的法定地位，优化完善下属企业治理结构。从治理结构、治理主体选择、治理边界范围及治理机制四个方面着手，实现企业法人治理的优化，清晰界定各治理层级的权责界限，并明确党组织在公司治理结构中的法定地位，明确党组织的决策权限、参与决策的权限及参与

的方式。

(3) 根据下属产业板块的行业特点、管理成熟度，实行差异化管控，具体体现在集团总部各项职能在总部和下属公司的权责界面划分上，并根据下属企业的管理成熟度的变化实行动态调整。

(4) 通过战略回顾、预算管理、风险预警、绩效考核、大监督等手段，丰富对下属企业的管控和监控手段，提高管控效率和效果。

如我们第二部分问卷调查所反映出来的，超过六成的国有资本投资、运营公司由原有企业集团改组而来，原有业务常常涉及多个领域，杂而不精，甚至部分资产处于亏损经营状态，更常常面临企业的发展战略不清晰、投资管理机制不健全、投资管理能力偏弱、风险保障机制不完善、人力资源配置不足等困难。国有资本运营公司应当着力打造融、投、管、退能力，而国有资本投资公司应将资本投向战略新兴产业领域以及其他重点产业领域，以持股平台为抓手，实现对当地国有经济布局调整的引领作用，推动国有资本保值增值。

投资能力建设，首先要建立高标准的投资流程，包括各类专业机构的协助（见图4－15）。其次，要保持投资策略灵活。对于标的公司的筛选标准应保持灵活，可利用国有投资平台的独特优势，积极收纳具备潜力的国有资产，可通过建立、提升统一运营、服务标准，合并同类型潜力资产形成规模效应；或通过混合所有制改革及委托经营等方式激发国有资产管理团队内生动力，培育盈利能力，提升投资企业价值，待国有资产成熟后进一步推动市场化资本运作。最后，投资管理专业，确保投资回报。国有资本投资运营公司应以中长期资本回报最大化为导向，先设立明确、量化的投资回报率，围绕量化目标“倒推”开展工作，使投资管理更具专业性、前瞻性、战略性。有效提升投资管理工作是实现中长期回报的保障。推动“中后台管理前置化”的建设，可将投资、投后管理、风险控制有机结合，确保投资周期的管理、投资标的筛选过程的规划与实际完成情况的监控、极端情况的紧急触动机制等有效运行，确保投资回报率的达成。

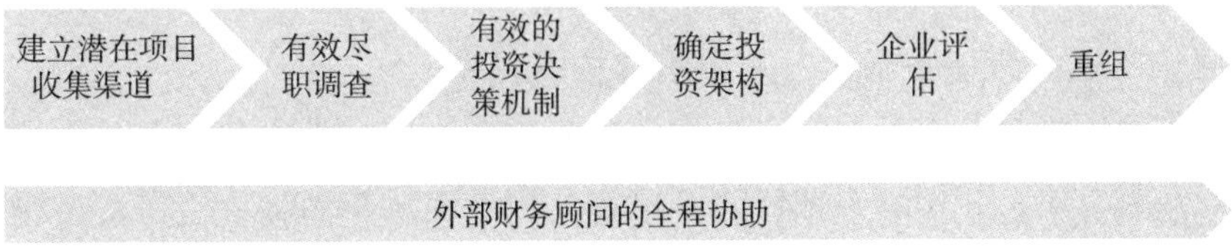

图 4－15　高标准投资流程

融资能力建设更是一项崭新课题。国有资本投资、运营公司初次设立时，通常由国资管理体系、财政体系以及外管体系等出资，后续再融资可向社会开放。实践中投资能力建设不足导致无法产生有效的投资回报率、融资方式受限等，无法有效地吸引非公资本，很难摆脱对国有资本再次注资的依赖。在大力建设投资能力的同时，有效拓展融资渠道是关键。

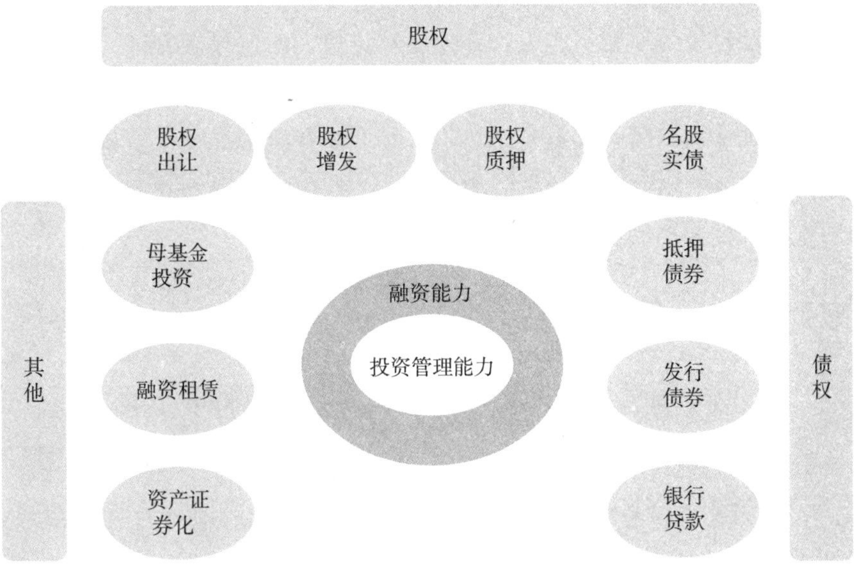

图 4－16　多层次融资体系

国有资本投资、运营公司应充分利用股权类、债券类及其他形式的融资方式，不断优化投资、运营以及风险控制能力，全面推行市场化、国际化标准，从而达到银行、私募基金等资金提供方的要求并得到信用评级机构等中介机构的认可。投资决策的透明度、执行力及市场化运作程度是搭建灵活、多层次融资渠道的关键保障。

投资管理是一个包含众多活动环节的复杂工程。作为国有资本市场化运作的专业平台，国有资本投资、运营公司是市场化的投资人，按市场方式依法自主开展资本运作，以管资本的方式履行责任，管回报，管配置，管股权。投资管理是一个拥有完整生命周期、包含众多环节的复杂管理工程，包含投前的战略制定与目标筛选过程、投中的监督控制过程以及投后的管理整合过程。不同的阶段我们有不同的侧重点。投后管理是三阶段中最重要的阶段，是助力投资保值增值，协助企业完善商业模式、提升内部管理水平、提高盈利水平的关键，是对接融资机构和资源、帮助企业尽可能地缩短成长周期、催熟企业链条发展的重要方法手段。

在投后管理过程中，为了实现被投企业的市值最大化，国有资本投资、运营公司需要立足法人治理架构完善自身体系建设，合理规划发展目标，对接关键管控要素，实现管理移植和价值。通过投后管理，实现价值提升，改进企业经营管理能力，加强团队管理，协助企业完善商业模型、提升产品和创新；同时实现风险防范，降低商业风险，减少信息不对称带来的代理风险，提高信息披露的规范性及透明度。为资本营利性和安全性进行双重的保驾护航。

[案例三]

国有资本投资公司投后管理移植案例

背景

该集团是大型投资控股集团公司，随着该集团在全球范围内的并购重组与新设公司，集团业务范围与规模不断扩大。集团业务趋向离心多元化，出资公司业务涉及钢铁、机械制造、地产、医药以及贸易和金融等多个行业。

挑战

随着该集团业务范围扩大、业务规模增长、业务趋向离心化多元化，在整个集团公司的战略意图并不能得到很好的执行，公司的经营管理风险陡然提升，新设公司与被并购公司无法顺利地融入集团统一管理。

方案

（1）集团对于新设或被并购企业的管理应从通过单一的外派人员进行管理，转变为评价体系、制度体系、信息化建设体系三大管理手段的综合运用，使集团对境外新设企业的管理模式从资本输出向管理输出和文化输出转变，使新设或被并购企业更好地融入集团的统一管理。

（2）以财务管理为例，构建标准化手册，形成管理移植的有效支撑。建立标准的财务管理手册，通过明确企业集团对下属企业财务管理的要求和模式，使下属企业财务人员在进行管理时，能够快速、有效地将企业集团财务管理意图和文化移植到本企业。

（3）立足于集团公司，面向所有被并购企业，提出财务管控要求，作为其财务管控的纲领性文件。该文件包括加强财务管控的目的、集团公司的财务管控机制（PDCA 循环）、集团公司的财务管控要素全景图、逐个要素描述存在的风险、管控权责与管控要求。

“管资本”对国有资本投资、运营公司的资金资本管理工具和管理能力提出了更高要求。司库管理的相关职能已经不仅局限在资金流和头寸的控制上，而是开始注重预测功能，加强对资本的管理、司库赤字的管理和各种金融风险（利率、汇率风险）的管理。先进的金融技术和管理工具逐渐被整合进司库管理、投资管理、融资管理和银行关系管理等，新的职能得以被识别并确定，目的是在最低风险下和最有利条件下获得不断增加的利润。司库管理在企业中正在逐渐变成一项重要的战略主导因素，也是重要的风险管理的功能之一，未来将成为 CEO 重要的策略伙伴。

1. 司库管理的驱动因素

根据对于中国企业的深入研究、分析与诊断，对标国际先进司库管理模式，目前中国企业司库管理的四大驱动因素分别如下：

（1）确保资金安全，公布财务状况与经营状况的需要。

（2）平衡企业生产能力，履行财务主体的核心职能的需要。

（3）推动公司完成财务目标，形成企业风险管控的意识文化的需要。

（4）助力企业制定战略决策，达成企业战略目标的需要。

2. 领先实践——司库管理解决方案

全球司库管理解决方案主要包括以下内容：

（1）司库战略与治理。

（2）资金集中与共享。

（3）营运资本管理。

（4）资本运作管理。

（5）资金风险管理。

现金的司库管理可以协助企业实现目标（见图4－17）：

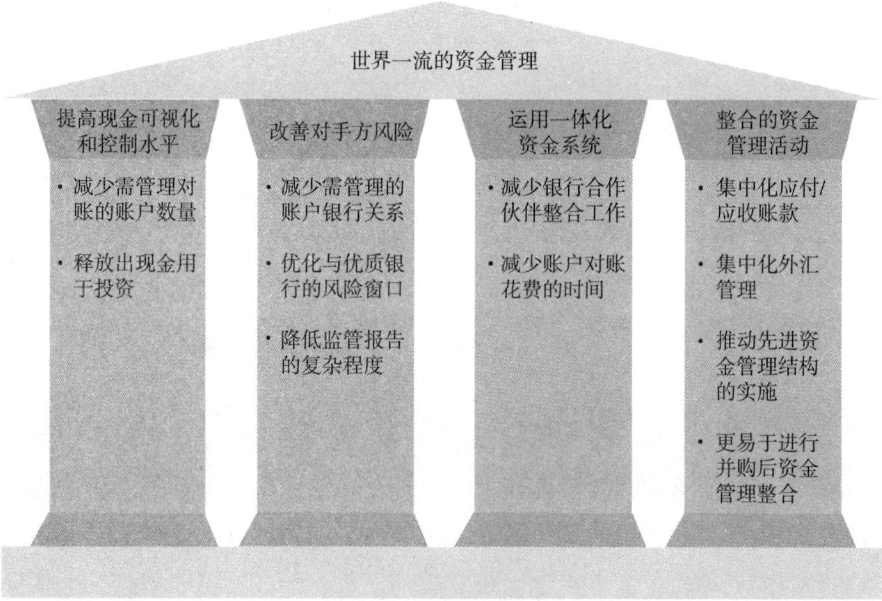

图4－17 司库管理目标

[案例四]

国有资本投资公司司库管理案例

背景

该集团公司是中国主要的油气生产商和供应商之一，是综合性国际能源公司。下属公司覆盖油气能源、工程建设、设备制造、技术服务、金融服务等行业领域。随着业务的快速扩张，企业现有的资金管理系统已经不足以支撑企业对于资金管理的控制力、透明度、准确性、自动化等日益提升的要求。

挑战

随着资产规模的不断扩大和国际业务的快速发展，以及国内外金融市场的不断变化，集团对资本结构、总体财务风险、资金流动性管理、融资管理、汇率利率风险管理等提出了更高的要求。单纯的“风险管控型”的资金管理已经远远不能满足企业发展的要求，“价值创造”的需求日益突出。

方案

(1) 基于公司战略，设定资金管控目标，制定资金管理战略规划，明确实施路线路图、职责分工以及各要素间的依存关系；在资金战略规划的指导下，明确资金管理部门定位与管控模式，明确资金共享中心、国内集团总部和下属企业在资金管理上的管控界面；以此作为后期设计组织架构、职责权限、工作流程、管控制度的输入。

(2) 在司库理论设计阶段，把资金作为运营要素，追求管理专业化和价值最大化；不仅注重现金管理，更注重包括现金在内的各类金融资源的管理；不仅强化账户管理，更强化资源管理和风险管理；同时，充分利用内部金融机构的专业优势，实现资源集成、信息集成和管理集成，提升财务管理水平。

(3) 在司库开发建设阶段，该集团建立起了对金融资源的统筹管理系统，保证金融资源的安全，提升金融资源的经济效益，同时为了实现司库构架，该集团设计制定了专门的司库管理办法，完成了所有相关流程的梳理和再造工作，并将独立的各种资金管理信息系统融合到同一体系之中，增加对应管理模块。实现在业务前端对收支进行管控，为结算集中管理提供基础，并实现集中结算清算、资金池管理以及投融资、风险管理等金融管控。

(4) 在资金管理系统的远期规划方面，除了满足营运资本管理在资金系统中的实现需求，我们还协助客户实现多种拓展性、前瞻性的功能。远期资金系统的规划通过深入挖掘资金管理信息系统潜能，最大限度地提供资金管理手段，进一步强化资金监控、提高资金安全、防范资金风险、提高财务收益，达到“规范统一、管控有力、确保安全、价值创造”的资金管理目标。

[案例五]

政府类投融资平台公司改组国有资本投资公司案例

背景

该集团公司前身为所在城市的政府类投融资平台公司。近年来，在党中央、国务院和省委、省政府关于国企改革、国资监管、地方政府债务管理、土地储备供应管理、事业单位改革等一系列决策背景下，市政府决定以该集团为基础进行全市范围内国有企业和国有资产整合，组建国有资本投资运营集团。组建工作完成后，该集团成为该市最大的国有独资企业，业务覆盖城市交通、房地产、能源、工程建筑、大健康、教育以及银行、担保等金融业务。

挑战

(1) 该市范围内国有企业、资产大多分散在各市直机关下，其所有权、债权及企业管理权属不明晰，划转难度较大，企业内部经营管理较为混乱。

(2) 集团资产负债率较高、信用评级不高、发债利率高等都掣肘集团进行此次转型改革。

(3) 随着国有企业、资产划转进集团后，子公司数量增加，行业种类增多且业务范围扩张，集团自身现代企业制度未完善、战略规划能力较弱且自主性不高、传统商业模式造血能力不佳、投资业务管理能力不足，以及集团管控/授权与风险管理机制未建成等一系列问题凸显。

集团如何转型改革，从过去的一家背靠政府、依靠土地信用运转的平台公司成功转型成为具有自身造血能力、逐步走向市场化并依靠企业信用运转的国有资本投资运营集团是此次转型的重点与难点。因此，集团亟须明确战略定位和发展目标，改变过去的经营理念，按照从“管资产”到“管资本”的要求和科学分类授权的思路，设计新的商业模式、组织架构、管控授权方案并梳理符合企业自身发展的业务流程，依据最新政策和规章设定制度规范，在提高企业自身造血能力的同时，又能保障各产业板块健康持续发展。

方案

(1) 确立集团使命、愿景及战略定位，设计集团新商业模式。

(2) 基于新商业模式，充分考虑子公司业务布局规划、管理目标、管控模式，打造集团管控体系，明确公司内外部权责界面，规范董事会、监事会、经营层的运作。

(3) 设计新增并优化原有业务流程，明确操作规范，并检视现有制度、优化已有制度，对业务流程进行固化。

(4) 明确集团总部岗位设计，匹配岗位职责及岗位编制，并确定晋升通道，打造“小总部，大集团”的运营架构。

成果

近一年多来，本次转型改革获得了瞩目成果：

(1) 目前，集团参股控股公司50余家，员工规模超千人。通过本次转型改革，集团注册资本增加了两倍，资产规模扩大了一倍。

(2) 国内信用评级提升了一个等级，资产规模与信用评级在中部地区位居前列。2018年，集团在城投协会全国直辖市、省级城市及地级市城投公司中排名提升超过30位。

（3）在本次转型过程中解决了集团员工薪酬、绩效、晋升、轮岗等关系员工自身发展的切实问题，建立了员工能上能下、能左能右、能出能进的灵活用人机制。另外，本次转型改革在子公司事业单位改制方面也取得了显著成效，解决了改制单位员工的安置问题。

（4）2018 年，集团成功发行 3 年期中期票据，票面利率较市场平均发行成本低了将近 2 个百分点，较集团过往平均发行成本低了超过 1.5 个百分点，创集团在公开市场上的融资成本历史新低，成为 AA + 企业中期票据发行成本最低的三家公司之一，甚至低于 2018 年以来 AAA 企业的平均发行成本 5.24%，三年共节约资金使用成本近亿元。

德勤说

国资国企改革是一项复杂的系统工程，改组/组建国有资本投资、运营公司是一项开创性的尝试。

（1）要明确国有资本投资、运营公司的功能定位。在定位清晰后，明确哪些是国有资本投资、运营公司负责的，哪些是出资企业该管理的，哪些是上级监管机构要管理和负责的，在清晰的权责界面下开展工作。国有资本投资、运营公司的正确定位可以保障国有资本整体可持续的营利性增长，实现国有资产保值增值。

（2）国有资本投资、运营公司更多的是需要从优化国资布局和国有资本的投资和资产组合来着眼，而不是旨在解决具体出资企业的某个具体问题。国有资本投资、运营公司自身的核心能力主要包括产业投资和资本运作两方面，重点有风险管控、战略设计、投融资全生命周期配套专业能力等，如有短板，需立即着手提升，必要时可以请专业服务机构协助，补充能力的不足。

（3）国有资本投资、运营公司以出资额为限对下属企业进行管理，总部职能和管控方式需转换优化。财务管控和战略管控等手段要灵活组合，“放权”和“有效管控”结合，实现“小总部、大产业”的效果。

（4）国有资本投资、运营公司管理的是国有资本的投资组合，风险管控被两类公司管理者列为最重要的自身能力，也是投资机构重要的核心竞争力之一。国有资本投资、运营公司经营的是国有资本，比一般市场上的投资机构更应注重投资的持续、稳健，也就更应注重投资全生命周期的风险管控。

作为改革路径的一种全新探索，国有资本投资、运营公司的改组和组建，没有现成的成功案例可供参考，也没有普适性的解决方案。除以上几点需要重点关注以外，各个试点公司需要根据自身实际情况，摸索出各自的方案，为改革探出新路。

思考五

国内外监管要求日趋严格和复杂，如何依法治企、合规经营

国际国内合规趋势及监管政策解读

1. 国际及国内合规监管要求日趋严格

商业贿赂、舞弊、洗钱等正逐渐成为全球性问题。各国监管机构及国际机构为维护市场公平竞争秩序、建设廉洁的营商环境，进一步提高了对企业的合规经营的管理要求和执法力度。

近年来中国政府也不断提高依法治国、依法治企、合规监管的力度。2016 年，国务院针对国有企业发布了《关于全面推进法治央企建设的意见》《关于建立国有企业违规经营投资责任追究制度的意见》等政策，以期在国企改革的过程中，不断加大依法治企的力度，不断提高合规经营的水平。

2018 年 11 月，国务院国资委发布《中央企业合规管理指引（试行）》，共包含 6 章 31 条，从合规管理职责、合规管理重点、合规管理运行、合规管理保障等方面为中央企业的合规管理体系建设提供了可操作的指导意见。2018 年 12 月，发改委、中国人民银行等七部门联合印发的《企业境外经营合规管理指引》，则对企业在对外贸易、境外投资、对外工程承包、境外日常经营等方面提出了具体的合规要求。

同时，国际标准化组织推出的 ISO19600 合规管理标准已经纳入中国国家标准（GB/T 35770—2017《合规管理体系指南》），并于 2018 年 8 月 1 日起实施；反贿赂管理体系标准 ISO37001 正在考虑纳入中国国家标准，并已于部分中国企业开始试点实施。

表 5－1 部分国际国内合规经营监管要求

法律、指导文件名称	特点
英国《2010 年反贿赂法案》	“防止贿赂失职罪”：员工、子公司、其他第三方出于公司利益而实施贿赂，无论发生在英国还是国外，公司都会受到指控，只能借助“充足程序”抗辩 充足程序：证明具有充足的合规程序，能够有效预防贿赂的发生
美国《海外反腐败法》	1977 年制定，1988 年修订，禁止商业机构或个人（不限于美国企业）为获得或保留业务向外国官员行贿 降低处罚方式：证明企业存在有效的合规制度；自愿披露、积极合作与认罪
《世界银行黑名单制度与诚信合规指南》	不给任何涉嫌贪污受贿的国际公司投标资格，禁止其参与由该行自主的所有项目 制定并实施符合世界银行要求的合规诚信体系是提前终止、终止或有条件免于制裁的主要条件
经合组织《税基侵蚀和利润转移行动计划》（BEPS）	根据“利润在经济活动发生地和价值创造地征税”这一总的原则，将对跨国企业海外业务整体组织架构和商业模式产生重大影响 以往，跨国企业常常在投资母国和被投资国之间安排一家或多家设立在低税率或零税率地区的中间控股公司，跨国公司将大量的利润转移至这些低税率的地区。这一做法将行不通
《关于全面推进法治央企建设的意见》	要求按照全面依法治国的战略部署，全面建设法治央企的工作 强化依法合规经营，健全依法决策机制，依法参与市场竞争，依法开展国际化经营，严格按照国际规则、所在国法律和我国法律法规开展境外业务
《关于建立国有企业违规经营投资责任追究制度的意见》	第一次提出建立重大决策终身责任追究制度及责任倒查机制，明确了违规经营投资责任追究工作的 9 大方面 54 个雷区 国有企业经营管理有关人员违反国家法律法规和企业内部管理规定，未履行或未正确履行职责造成国有资产损失以及其他严重不良后果的，应当追究责任
中央企业违规经营投资责任追究实施办法（试行）	加强和规范中央企业责任追究工作。规定了中央企业违规经营投资责任追究的有关范围、标准、处理方式、职责和程序等 有效防止国有资产流失。充分发挥责任追究的警示和震慑作用；同时，通过严肃问责，推动企业建立健全权责清晰、约束有效的经营投资责任体系，从而从根本上防止国有资产流失
《中央企业合规管理指引（试行）》	清晰界定了合规、合规风险与合规管理 设定了中央企业合规管理体系建立健全的四项原则：全面覆盖、强化责任、协同联动和客观独立
《企业境外经营合规管理指引》	明确合规的内涵是企业及其员工的经营管理行为符合有关法律法规、国际条约、监管规定、行业准则、商业惯例、道德规范和企业依法制定的章程及规章制度等要求 合规管理框架包括合规管理架构，合规管理制度，合规运行机制，合规风险识别、评估与处置流程，合规评审与改进，合规文化等内容 明确了对外贸易、境外投资、对外工程承包、境外日常经营等领域中的合规要求

近年来，因违反市场公平竞争、反舞弊与反腐败、环保标准、质量要求等相关监管要求而受到监管机构严厉处罚的案例层出不穷，无一不给企业带来巨额经济损失。部分典型案例如下：

（1）2016 年 12 月，上汽通用因垄断被上海市物价局罚款 2.01 亿美元。这是继奥迪、奔驰、克莱斯勒及东风日产后国内又一家因垄断被处罚的整车企业。

（2）2016 年 11 月，纽约州金融服务局以违反《反洗钱法》、掩盖可疑金融交易为由对中国某银行纽约分行处以 2.15 亿美元的罚款。

（3）2016 年葛兰素史克在华子公司因向公立医院医生行贿受到 SEC 指控，企业以支付 2000 万美元为条件与 SEC 达成和解。

（4）2015 年 9 月，美国环境保护署指控大众汽车集团生产的部分柴油发动机利用“失效保护器”规避尾气排放监测。大众最终以 147 亿美元与监管机构达成部分和解协议。

（5）2014 年，奔驰因与江苏省内经销商达成部分整车及部分配件最低转售价格的垄断协议，被江苏省物价局处以上一年度相关市场销售额 7% 的罚款，共计 3.5 亿元。

2. 中国企业“走出去”过程中合规风险凸显

随着中国企业走出国门，近年来，国际合规监管活动中涉及中国的案件越来越多。2017 年 3 月，中兴通讯因违反美国出口管制相关法律法规，以支付 8.92 亿美元的刑事和民事罚金（相当于中兴通讯 20% 净资产或两年利润）的条件与美国政府达成和解。2016 年美国司法部《反海外腐败法》执法案件（含不予起诉决定）中，有 10 件与中国相关，占比 45%；美国证监会的相关执法案件中，有 14 宗涉及中国，占比 58%。

自 1999 年起，世界银行即宣布不给“黑名单”内任何涉嫌贪污受贿的国际公司以投标资格，名单内的企业和个人在被处罚期限内禁止承接世界银行自主项目。截至 2017 年 1 月 31 日，尚在该黑名单处罚期内的中国企业和个人多达 45 个。

公平竞争、反舞弊与反腐败、反垄断和反洗钱、环保、质量等合规要求已经成为全球立法和监管的趋势，中国企业在全球化经营的过程中直接或间接受到国外相关立法的管辖，企业因违反所在国法律要求而遭受处罚的类似案件比比皆是。尤其在“一带一路”国策的指引下，中国企业将掀起一波全球化的新高潮，对于习惯了“中国式打法”的企业来说，面临的合规风险更为突出。

3. 国企违规经营投资责任追究制度：终身追责与9大方面54个雷区

2016年8月23日，国务院办公厅发布《关于建立国有企业违规经营投资责任追究制度的意见》（以下简称《意见》），是本轮国有企业改革顶层设计的“1+N”配套文件之一。《意见》要求高、可操作性强，给国企的合规经营将带来重大影响。

2018年8月，国务院国资委发布的《中央企业违规经营投资责任追究实施办法（试行）》是对《意见》的进一步推进和细化。

9大方面54个雷区：集团管控、购销管理、工程承包建设、转让产权及上市公司股权和资产、固定资产投资、投资并购、改组改制、资金管理、风险管理9大方面共54个雷区的经营损失进行追究问责，并提出根据资产损失或不良后果的程度、性质，对直接责任人、相关人员和主要责任人采取组织处理、扣减薪酬、禁入限制、纪律处分、移送司法机关5种处理方式。

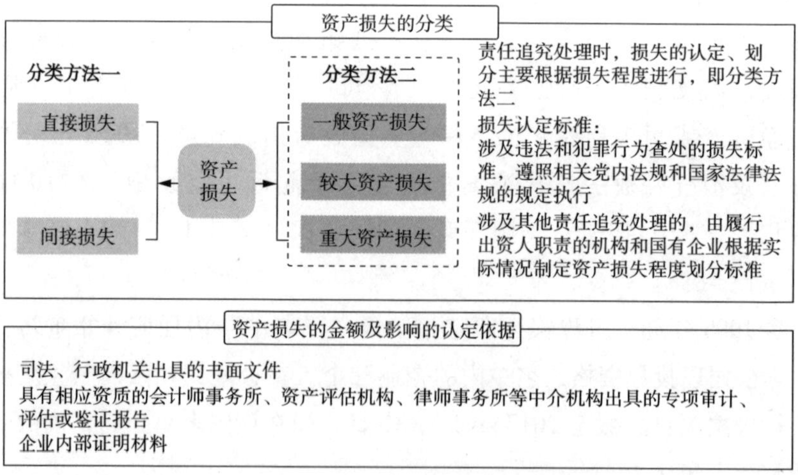

图5-1 资产损失的分类及其他

终身追责：管理人员无论在任或离任，都将承担相应的经营投资责任。违规经营投资责任追究制度中，“终身追责”将被正式确立。强调“终身追责”将对经营管理人员只顾眼前利益忽视企业长期发展的行为进行约束。一方面，“终身追责”使离任人员被划入追责对象，管理人员的经营行为、履职情况与其任期内以及未来一定时期内的企业利益损失直接挂钩，履职风险大幅增加。另一方面，终身追责制度倒逼企业形成经营投资事项的闭环管理。

实施时间表：《意见》计划到2017年底，国有企业违规经营投资责任追究制度和责任倒查机制基本形成，责任追究的范围、标准、程序和方式清晰规范；到2020年底，全面建立覆盖各级履行出资人职责机构及国有企业的责任追究工作体系，形成职责明确、流程清晰、规范有序的责任追究工作机制。因此，企业应立即着手制定符合自身经营管理特点的责任追究制度，以适应新的监管要求。

从《意见》规定的追责工作运作机制来看，违规行为、履职情况是判断是否对国企管理人员进行责任追究的重要依据。因此，降低其个人履职风险的核心问题就在于防范经营投资事项中可能导致国有资产损失或引起其他严重不良后果的违规行为或未正确履职的情况。企业可通过开展历史经营投资事项自查、完善企业经营合规管理机制及强化投资后管控、持续合规情况评价等方式实现降低履职风险、依法合规经营的目标。

“合规经营　依法治企”问卷调研的主要发现

为了解企业对依法合规治理及企业开展合规管理面临挑战的认识，我们对多家大中型企业进行了问卷调研。问卷围绕被合规管理组织、合规文化、合规管理流程、合规管控手段、合规重点领域等方面展开。

本次调研采取匿名的方式，共回收有效问卷近40份。47%的受访企业为国有企业，37%为民营企业，跨国公司占16%（见图5-2）。受访企业所在行业较为多样，分布在科技、媒体和电信业与金融服务业的最多，分别占21%和19%；其次是消费品和工业制成品业，占18%；而能源、医疗和除此之外的其他行业共占42%（见图5－3）。

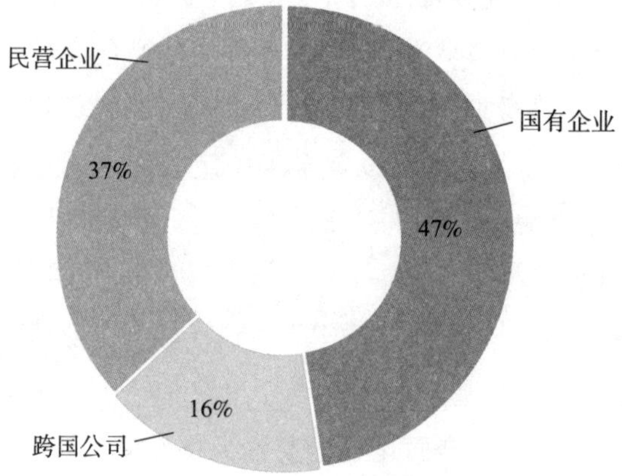

图5－2　受访企业性质

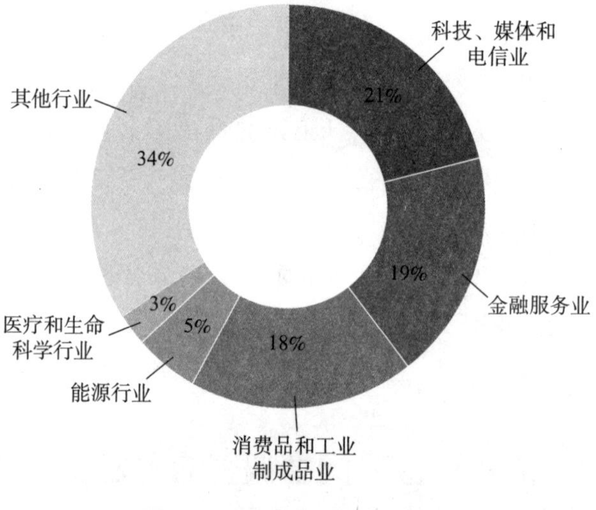

图5－3　受访企业所在的行业

1. 合规管理组织

调查显示，37%的受访企业设立了合规管理总负责人职位，并独立于其他职能部门。由总法律顾问兼任合规总负责人的占32%。由首席风险官和首席审计执行官兼任的各占5%。需要注意的是，有21%的受访企业未明确设立合规管理总负责人（见图5－4）。合规管理总负责人独立任职的，在受访的国企和民企中占34%，而在受访的跨国企业中这一比例达到50%。

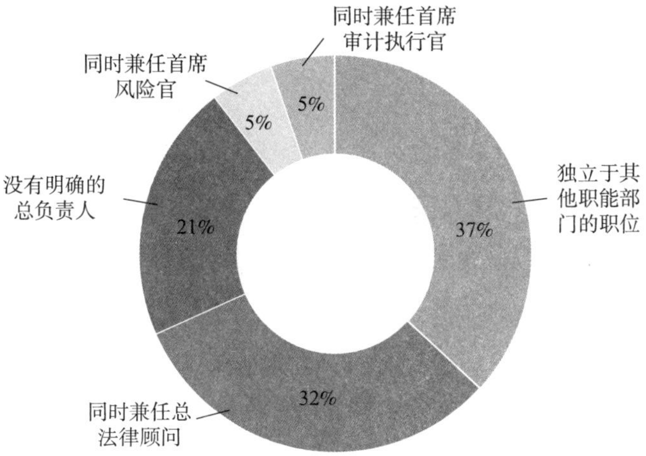

图5－4　合规管理总负责人的兼任情况

跨国公司中有半数公司的合规管理职责由独立部门承担。在国企中，仅少数企业设置了独立部门（占17%），合规管理职责由法律事务部门兼任的比例最高（占43%）。而民企中负责合规管理的部门差异性较大，比例最高的为内控管理部（占43%），其他的兼任部门包括纪检监察部门、风险管理部门、法律事务部门以及其他部门（见图5－5）。

德勤及合规周刊联合发布的《2015年合规趋势调研报告》数据显示：59%的受访跨国企业现在拥有独立的首席合规官（CCO），并且许多企业的首席合规官能够作为高级管理人员加入公司执行委员会，具有直接向董事会汇报的权力，参与到关于企业战略、价值观和文化的高级别讨论，并能够获得更多的预算支持，产生更大的影响能力。监管环境较为严格的国外企业通常设立单独的合规管理部门，采用垂直管理模式，由子企业的合规管理部门直接向上级单位的合规管理部门汇报，接受上级单位的考核任命，进一步确保合规管理的独立性。

比较之下可以看出，中国企业（包括国企和民企）的合规总负责人和合规管理部门兼任的情况较多。中国企业的合规职能的总负责人和部门在参与企业管理决策、为企业创造价值方面与国际领先实践相比，尚有差距。

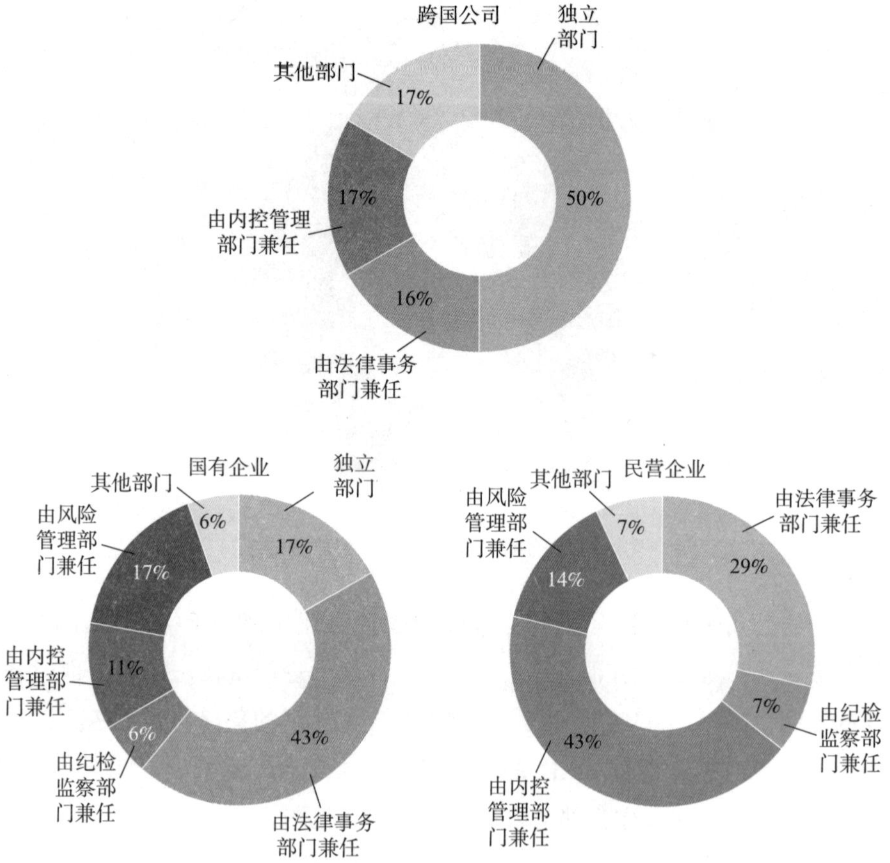

图 5－5　合规管理职责的归口情况

2. 合规管理重点领域和重点内容

在被问及受访者最近关注的合规话题时，“合规管理体系的监管要求及实践”被最多受访者（占 66%）关注，紧随其后的是“企业反垄断与反不正当竞争法”（占 55%）和“《关于建立国有企业违规经营投资责任追究制度的意见》的解读与实践”（占 34%）（见图 5－6）。

对于上述这些合规话题，有超过 1/4 的受访者表示进行了深入研究，并已采取了行动，但同时也有四成多的受访者了解程度较低，表示不清楚相关话题的背景和内容（见图 5－7）。

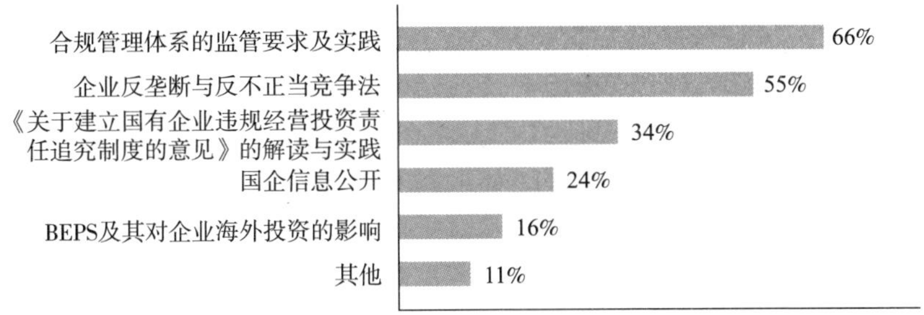

图5－6　受访企业最近关注的合规话题

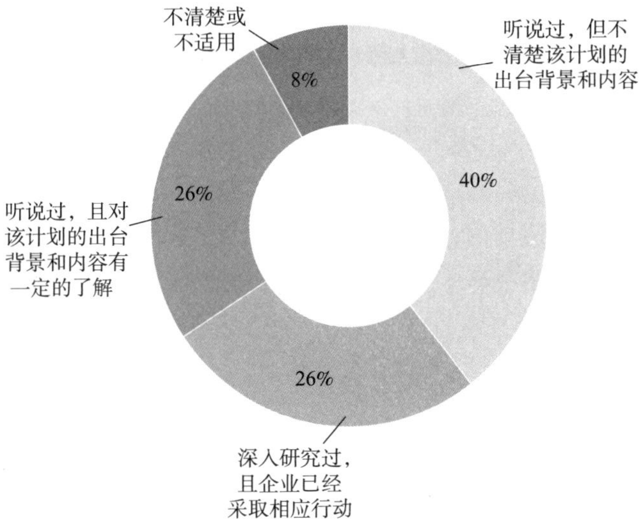

图5－7　受访企业对合规话题的了解程度

这表明受访企业在“依法治企”“国企改革”等大背景下逐渐提高了对合规管理的重视，但熟悉程度较低、缺乏有效实施合规管理的途径等突出问题。国内企业的合规管理目前仍旧处于较为初级的阶段。

排名受访企业合规管理重点工作方式前三位的分别是合规管理培训（占71%）、内部合规调查（占58%）和专业领域合规支持（占47%）。而投诉和举报热线（占21%），第三方商业伙伴的合规管理（占11%）比较不受重视（见图5－8）。这与大型跨国企业整体上的合规管理方式存在较大差异。

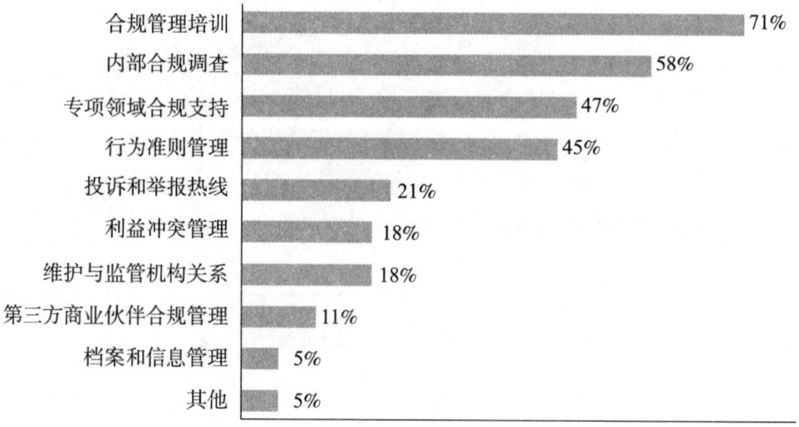

图 5-8　受访企业合规管理工作重点（选择最重要的三项）

《2015 年合规趋势调研报告》显示，大型跨国公司的合规管理部门非常重视投诉和举报渠道的建立、维护以及举报后续处理工作，并鼓励员工和商业伙伴对涉嫌违规的行为进行举报（占 70%）；同时，对第三方商业伙伴的合规管理也十分关注，依据公司合规政策要求商业伙伴接受合规审查（占 42%）或背景调查（占 38%），部分企业还会要求商业伙伴参与合规培训或认证（占 32%）。

放眼未来，受访企业最为关注的合规风险中，超六成企业认为是舞弊与腐败，另外有 50% 的企业选择了公司治理，接下来是财税管理（占 39%）和信息管理（占 37%）（见图 5-9）。

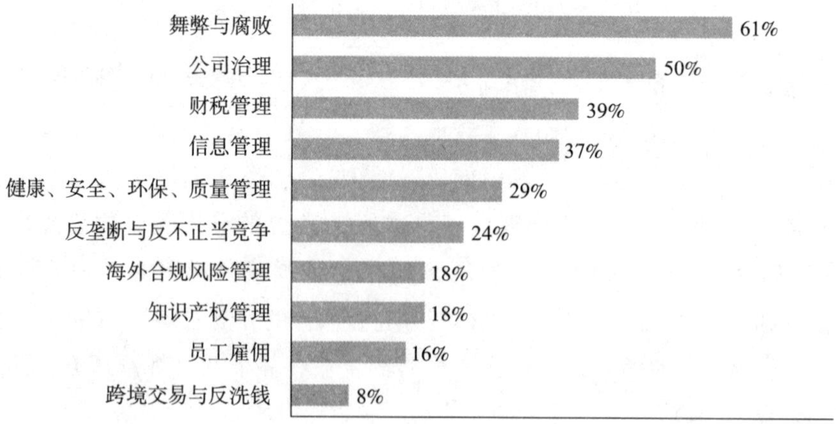

图 5-9　受访企业关注的合规风险（选择最重要的三项）

这表明，要将合规管理作为一个整体来考虑，将内控、法律、财税、信息管理等各方面的风险考虑在内，由高层统筹规划，将合规要求纳入各项具体业务流程。

3. 合规文化、流程及管理系统

高层态度对于合规文化的重要性受到了受访企业的一致认同，高达74%的受访者认为“高级管理层积极宣贯合规文化、履行合规要求”是培育合规文化的最重要因素（见图5－10）。

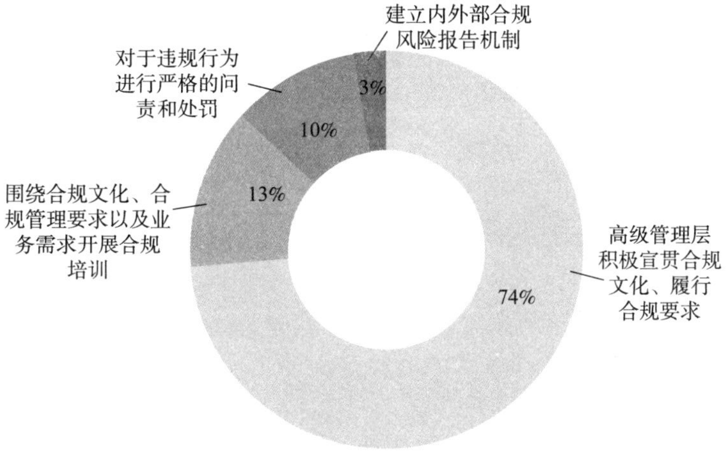

图5－10　培育合规文化的关键因素

针对合规管理流程的调查显示，超过六成受访企业认为最重要的环节是“针对具体的业务领域与合规风险点，梳理合规要求，将其整合嵌入操作流程并支持业务发展”（见图5－11）。《关于全面推进法治央企建设的意见》中亦鼓励“探索建立法律、合规、风险、内控一体化管理平台”。

仅有32%的受访企业拟新建合规体系；其余大部分企业均处于体系整合、评价、改进阶段，其中高达58%的受访者计划整合其合规、内控、风险管理体系，其余42%的受访者计划对现有体系进行评价、改进（见图5－12）。

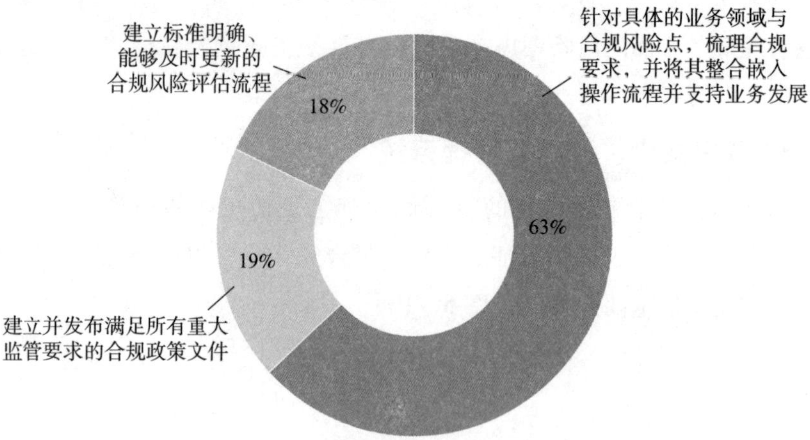

图 5－11　合规管理流程中最重要的环节

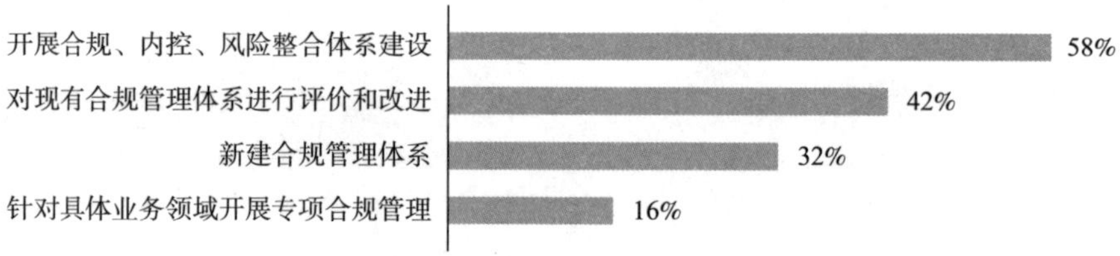

图 5－12　受访企业的近期合规体系建设情况（多选）

在合规管理系统工具方面，企业主要利用专业开发的信息系统（占24%）和 ERP 系统（占 21%）来完成合规工作，少部分企业采用简单的桌面工具，有超过 1/3 的企业未使用系统或工具（见图 5－13）。相比而言，大的跨国公司已逐步探索运用大数据和信息化手段收集合规管理信息、分析合规管理成效、利用合规系统进行业务审核、通过数据挖掘开展合规调查，提高合规管理效率。

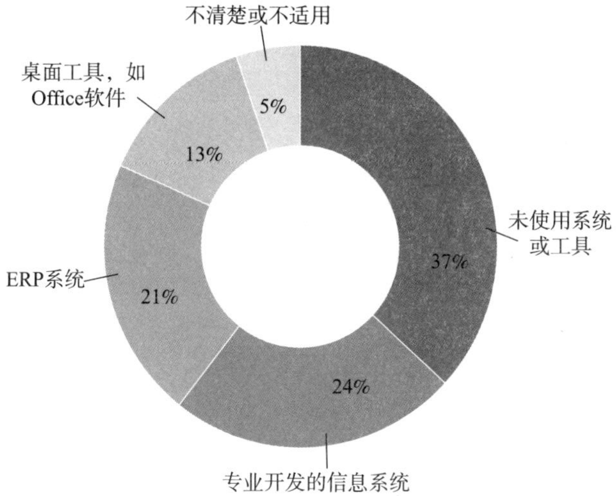

图 5－13　受访企业采用的合规信息系统

合规管理典型案例分享

合规管理体系的建设方式因企业合规风险水平不同、合规管理基础不同而各不相同。对于合规风险高、合规管理基础薄弱的企业，需要系统化规划合规管理体系建设工作，尽快提升合规管理能力；对于已经具备合规管理基础、合规风险相对可控的企业，需要不断深化重点领域的合规体系建设，并通过持续的监督评价提升合规管理能力。下文列举了五个案例以资借鉴。

[案例一]

全面推进合规管理体系建设

背景

某企业作为世界500强企业之一的国内制造型企业，受行业发展影响，近几年面临的合规风险逐步增大。为满足股东对其的监管要求，加强合规管控，在集团公司范围内统一合规管理要求、优化合规管理流程、强化合规管控手段、培育合规文化、系统提升企业管理管理能力，公司启动了合规管理体系建设项目。

挑战

该企业拥有众多分、子公司，涉及众多业务板块，内部管理水平不一。合规体系是企业的新生管理体系，如何能够使各层级下属单位均较好地接受合规理念，统一、整体地推进合规管理体系建设，是该企业面临的一个挑战。

另外合规管理体系如何与现有各业务领域的管理体系相融合，使体系不仅仅是“纸上”的制度，更能够切实发挥管控的效果，则是第二个挑战。

方案

(1) 梳理合规风险库：在合规管理体系建设初期，企业组织了合规调研，全面梳理企业合规风险，了解合规管控情况。该企业依据实际调研访谈中获取的公司信息及合规管理领域行业领先实践经验，综合各公司业务开展情况和行业合规风险特征等多方面因素，汇总整合出具有针对性的合规风险库，作为公司开展合规管理体系建设的指引性文件，使体系建设更有针对性、重点更突出。同时在调研过程中，通过与各业务部门的沟通，更好地宣传了合规管理理念。

(2) 建立规范的合规管理组织：在合规管理体系组织建设方面，该企业在最高层级设置了合规委员会并安排了首席合规官，负责合规工作的整体推进。企业各层级下属单位均按照总部的管理要求，确定了合规的归口管理部门，并明确了与总部的沟通、汇报机制。

(3) 合规管理流程制度建设：在合规管理体系制度、流程完善方面，企业制定了行为准则、合规管理办法等，并进一步梳理了合规管理要求，对企业内现行管理制度和合同进行了合规审核，确保标准文件的合规性。为防止合规管理体系建设沦为合规制度的简单堆砌，企业将合规管理要求明确到岗位职责、程序流程、操作表单，让合规管理真正融入业务。企业制定了合规调查及商业交易尽职调查程序，将重点领域的合规管控措施表单化、流程化、标准化。

（4）合规文化培育：在合规体系建设过程中，企业多层级开展合规培训，既包含合规管理的基础知识培训，又包含重点领域合规管理要求的培训，自上而下地传达合规管理的意义和方法。

[案例二]

合规管理成熟度评价持续推动合规管理能力提升

背景

国内某金融机构在信贷扩张期间业务量快速增长，但随着经济的下行，前期经营中的规范性不足、不良率上升等问题逐渐暴露。而针对国内近期经济金融市场改革的若干重大问题，中国人民银行、原银监会先后颁布了一系列银行治理文件，如《商业银行合规风险管理指引》《银行业金融机构全面风险管理指引》等，引导银行合法合规经营，审慎开展业务。该金融机构已经具备了较好的合规管理基础，为顺应合规治企的趋势，实现安全、有序发展，该企业开展了合规管理体系成熟度评价工作，引导全行持续提升合规管理能力。

挑战

合规管理成熟度评价指标体系的普适性是项目执行面临的第一个重要挑战。合规管理成熟度评价指标体系应具有较强的普适性，能以统一的评价标准衡量各分行在组织结构、人员管理、产品推广层面的合规管理水平。合规管理成熟度评价工作中，如何兼顾制度设计的有效性和执行的有效性是面临的第二个重要挑战。

方案

（1）在合规管理成熟度评价指标体系搭建环节，该金融机构以国内外监管政策文件为参考，通过政策梳理和指标提取，从企业合规治理、合规流程、合规文化、合规制度等多个维度形成指标框架。其中合规治理、合规流程、合规文化、合规制度等共性指标的设计充分考虑了各下属机构的业务差异性和共性，可用于评估各分支机构，具备较好的普适性。

（2）合规管理成熟度评价各指标的具体评分标准以行业优秀实践、国家政策性文件的要求为基准确定。达到国家政策性文件的基本要求评分较低，而能够对标国际国内行业优秀实践则评分较高。

（3）合规管理成熟度评价的评分兼顾制度设计有效性和执行有效性：通过判断相关合规管理对评价指标各组成要素的覆盖率、制度流程的合理性、制度间的协调性，确定制度设计的评价得分；通过判断执行的及时性、流程的完整性、内容的相符性，对执行情况进行评价，综合得出最后得分。

（4）企业通过合规管理体系评价明确了自身所处的合规体系建设阶段，发现管理的薄弱环节，找准与先进管理实践的差距，为下一步整合管理资源、统一体系建设标准提供基础。

如问卷调查部分图5－8所示，专项领域的合规排在企业合规工作重点的第三位；图5－9也显示专业领域的合规比如财税管理、信息管理、反垄断法的应对等，均在企业目前重点关注的合规风险之中。下面三个专业领域合规案例分别从税务、反垄断审查应对和国企信息公开的方面提供一些参考借鉴。

[案例三]

税基侵蚀和利润转移行动计划（BEPS）对企业合规的影响及应对

税基侵蚀和利润转移项目（Base Erosion and Profit Shifting，BEPS）：2015年10月5日，经济合作与发展组织（简称“经合组织”）秘书处发布了BEPS项目的十三份最终报告和一份解释性声明，表明国际税收管理体系的重大变革，中国企业要相应做出调整、迅速行动。中国作为G20成员，也在2016年6月29日由国家税务总局（以下简称税务总局）正式出台了《关于完善关联申报和同期资料管理有关事项的公告》（以下简称42号公告）。将BEPS项目第13项行动计划国别报告、主体文档、本地文档三层文档结构的要求整合进了中国税务法规，主体文档与本地文档的建议被整合进了同期资料的要求，而国别报告则成为关联申报的一部分。另外，税务总局于2016年10月11日正式发布《关于完善预约定价安排管理有关事项的公告》（以下简称64号公告），表明中国税务机关对预约定价安排的积极态度，以及相关管理制度更加规范化。

背景

BEPS行动计划出台前，跨国企业通常会在投资母国和被投资国之间安排一家或多家设立在低税率或零税率地区的中间控股公司，跨国公司将大量的利润转移至这些低税率的地区。这是过去国际税收上常用的架构设计，因此大多数在早期开始“走出去”的国有企业，其海外业务通常也采用了此种安排。BEPS行动计划，旨在纠正这种做法，实现“利润在经济活动发生地和价值创造地征税”这一总的原则，这必将对国有企业海外业务整体组织架构和商业模式产生重大影响。随着BEPS项目进程以及中国转让定价法规的逐步修订和出台，中国企业将面临更高的转让定价风险，也不得不重新考量企业全球转让定价安排。

挑战

按照42号公告，最终控股方的中国居民企业如上一会计年度合并财务报表中的各类收入金额合计超过55亿元人民币，就需要申报国别报告。按此标准，需要申报国别报告的企业数量相当多。短期来看，申报工作本身时间短、工作量大，对有些企业的税务团队来说挑战巨大。以2016年度为例，国别报告等关联申报需要在2017年5月31日之前提交，主体文档和本地文档需分别在2017年12月31日和2017年6月30日准备完毕。而BEPS行动计划最终成果一共有13份报告，共计几千页，且相关的技术要点多且复杂，加上各国际组织及各国对BEPS行动计划的最终成果的接受和落地程度不一，更增加了企业应对BEPS行动计划的难度。很多国有企业的税务团队特别是海外税务团队的人数非常少，且多由财务人员兼任，很难满足后BEPS时代的合规要求。

长期来看，在低税或零税率地区的空壳公司保留与其功能风险不匹配的大量利润显然已不合时宜，国有企业在海外运营的实体将可能会受到税务机关的挑战，集团整体也将产生较大的全球转让定价调查风险。国有企业需要尽快在海外税务管理方面采取一系列应对行动。

方案

（1）事先尽早进行风险评估，诊断现存转让定价风险。BEPS行动计划中最先在中国落地的是与转让定价相关的13号行动计划。考虑到各国对企业的信息披露要求将显著提高，企业的供应链、无形资产、人员调动等各类经营披露信息将更加透明且直观地揭示在各国税务机关面前。中国企业在进行合规申报前，应基于集团现行的转让定价安排，事先自行开展风险评估，事先分析和判断了解集团境内外关联交易安排及定价政策是否符合独立交易原则或存在潜在税务风险，从而尽早采取有效措施降低相关风险，提高信息申报的质量。

（2）按要求履行关联申报义务及做好文档准备工作。在关联申报表和同期资料中提供的一些信息具有一定的敏感性和复杂性，尤其是部分还涉及与境外关联方之间的沟通，纳税人所需分析的内容在深度和广度上均有较大程度的增加。因此建议纳税人尽早开始沟通、信息收集和准备的工作，转换同期资料和关联申报准备的工作方式，采用“整体而一致”的策略，从而提高信息收集的效率，控制合规成本，并力求集团在全球范围内转让定价信息披露的一致性。

（3）建立统一、完整的转让定价政策体系，加强企业转让定价管理。复核集团现有关联交易安排及定价政策，构建完整并可通过管理文件形成的统一的关联交易内部管理政策和制度。对集团内的关联交易安排（有形资产交易、无形资产交易、金融资产转让、资金融通交易以及劳务交易等）加强管控，最终形成全球统一的转让定价政策指引，对集团内关联交易安排进行规范和指导。

（4）梳理自身组织架构及商业模式，评估相关风险。并根据评估结果，测算进行调整可能带来的商业影响和成本，以决定是否对自身的组织结构及商业模式进行调整。

（5）组建专业税务队伍，同时借助专业人士的力量。我国“走出去”的大多数国有企业的税务团队力量相对薄弱。后 BEPS 时代对税务团队的整体资源和税务从业人员本身的专业性都提出了更高的要求，因此国有企业应考虑尽快组建一支精锐的国际化税务队伍，并及早寻求国际专业机构税务专家的帮助。

基于上述分析和建议，我们希望通过下述案例，使企业进一步了解可能存在的相关风险及可行的改进方案。例如，利用该集团 2015 年度财务数据①对国别报告进行模拟填报显示，实际税率较低的香港公司及 BVI 公司的人均利润贡献较高，但实际履行的功能较少且较为简单。

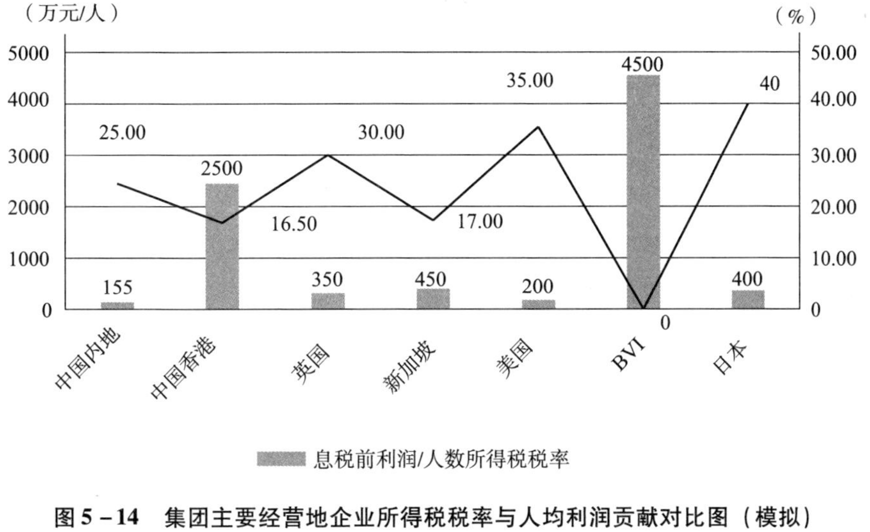

图 5－14　集团主要经营地企业所得税税率与人均利润贡献对比图（模拟）

① 上述案例数据为虚拟数据，并非指任何企业。

因此，在进行国别报告的填报前，集团需要结合自身的实际情况，针对识别出的不同级别的转让定价风险（高、中、低风险等级），制定有针对性的、分阶段的解决方案和优化策略。短期来说，可以考虑通过对功能风险以及人员资产的调整，以尽可能地保证2017年第一次申报的信息资料的合规性。对中期而言，则应对相关关联交易的定价政策进行优化，必要时对交易模式进行调整。从长期角度，则需要考虑对集团整体的交易架构、组织架构和商业模式进行适当调整，以降低潜在风险。

[案例四]

中国企业海外投资中反垄断审查的应对

如问卷调查部分图5-6所示，有55%的受访企业关注“反垄断与反不当竞争”的合规话题，排近期关注话题第二位。国务院国资委在《关于全面推进法治央企建设的意见》中，也要求中央企业突出境外法律风险防范重点，高度重视国家安全审查、反垄断审查、反倾销反补贴调查和知识产权等领域的法律风险，深入做好尽职调查，组织拟定防范预案。建立健全涉外重大法律纠纷案件预警和应对机制。

挑战

一方面，在“一带一路”倡议推动下，中国企业境外投资、海外并购相当活跃。中国企业在海外投资过程中可能涉及中国、投资目标国和第三国的多法域反垄断申报义务。另一方面，中国企业对此尚未有成熟的应对方案，反垄断监管目前被视为很多中资企业，尤其是国有企业，进行海外并购交易面临的重大障碍之一。

方案

在交易过程中，我们建议企业通过以下几个方面做好海外投资中反垄断审查的应对：

（1）预先判断反垄断申报义务。在大型并购交易中，提前做好政府审批的各项准备工作是交易能否成功的关键因素。交易初期，尤其在并购双方是行业竞争者且双方均占有较大市场份额的情况下，企业应当注意反垄断法律法规并分析其是否可能存在申报义务。

1）目前各国对于经营者集中反垄断申报的规定主要分为强制申报和自愿申报两种。强制申报又分为强制事前申报和强制事后申报。中国、美国、欧盟、印度等多数国家和地区实行强制事前申报制度。在强制事前申报制度下，未获得审查机关批准前不能完成交割，否则可能受到罚款、剥离收购资产、要求恢复到并购前的状态等处罚。英国采取自愿申报制度，企业可以选择不申报而直接完成并购。但如果被审查机关认为该并购具有实质性减少竞争的效果，审查机关有权责令企业通过转让收购股份或资产的方式恢复到并购前状态。

2）企业应事先了解该次并购交易可能触发反垄断申报义务的国家和地区的申报政策、要求，结合本企业集团的架构及合并前后的营业额进行预测，预先判断该笔交易是否会受到境内外反垄断审查机关的调查并做好相应准备和应对措施。

（2）通过细分市场/剥离资产应对反垄断审查。预判企业的反垄断申报义务之后，若确定对目标公司进行整体收购，存在目标公司部分业务板块涉及形成垄断的可能，但这些板块对收购方而言可能并非该笔收购的主要目标。在这种情形下，收购企业可以与出售方沟通将该板块从此次收购方案中剥离的可能性。在无法做到剥离的情况下，收购方可以考虑在收购完成之后出售该可能涉及垄断的业务板块并主动向反垄断审查机关做出承诺，以加大通过反垄断审查的可能性。这要求企业对目标公司及投资目标国的行业市场进行充分了解。

（3）在交易文件中充分考虑反垄断申报义务。除上述应对方式外，企业还应特别关注交易文件中反垄断相关条款的规定，充分考虑交易中可能涉及的反垄断申报义务及反垄断审查所需要的时间及风险。对于需要进行强制事前申报的交易，反垄断申报得到批准所需要的时间对收购项目的交割安排有非常大的影响。因此，负有反垄断申报义务的交易一方，务必要在交易文件（如股权/资产转让协议）可能受到反垄断申报审批时限影响的条款，如交割前承诺、交割安排等条款中，充分考虑反垄断申报义务的履行，给己方留有充分的履行义务的时间及保护性规定。

[案例五]

借力 IT 技术推进国有企业信息公开

在本轮改革中，国有企业信息公开被视为重点改革工作之一，是监管部门对国企的明确要求。在问卷调查中，信息管理既是受访企业认为的风险点之一也是最受关注的合规话题之一。

信息公开有助于企业依法合规地经营。国有企业由于股东的特殊性，信息公开比一般企业显得更加重要。2015 年 8 月《关于深化国有企业改革的指导意见》强调，围绕实现国企改革目标“实施信息公开加强社会监督”；2015 年 10 月，《关于改革和完善国有资产管理体制的若干意见》要求，完善国有资产和国有企业信息公开制度，设立统一的信息公开网络平台，在不涉及国家秘密和企业商业秘密的前提下，依法依规及时准确地披露国有资本整体运营情况、企业国有资产保值增值及经营业绩考核总体情况、国有资产监管制度和监督检查情况，以及国有企业公司治理和管理架构、财务状况、关联交易、企业负责人薪酬等信息，建设阳光国企；在 2016 年 2 月 25 日公布的国企改革“十项改革试点”中，第九点为国有企业信息公开。

背景

在本轮国企改革政策指引下，从中央到地方，国企信息公开的试点已经逐步展开。2016 年 12 月国企信息公开试点已在国家电投、南航集团、中国建筑、中粮集团4家央企开展。在地方，山西省率先推进省属国有企业信息公开工作，太钢集团、焦煤集团、同煤集团等23家省国资委监管的省属国有企业集团以及省属金融类企业集团、省属文化事业类企业集团被列入首批公开范围。其他国企的信息公开工作也已提上议事日程，但是在实际操作中却存在一些挑战。

挑战

除部分企业主观上不愿公开信息外，目前国有企业在信息披露方面的表现远远不能满足社会公众的需求，主要表现如下：

(1) 从总体上来看，国有企业信息公开缺乏统一标准：哪些信息需要公开，哪些不能公开，哪些过一段时间可以公开，没有明确统一的标准。有些非上市国企公开的信息缺乏持续性、完整性和规范性。还有部分国企对信息公开的认识有偏差，将发布新闻动态信息等同于信息公开，社会公众很难知晓企业财务和经营信息。

(2) 有些非上市国企没有固定的公开渠道。

(3) 缺乏对国企的财务预算信息公开的监管。国有企业财务信息的公开披露尚缺完整的信息披露监管系统，难以确保信息的真实性和质量。

方案

(1) 参照上市公司要求规范信息标准。许多国企已经是上市公司，参照上市公司要求披露信息已经有了一定基础。在山西省全面推行的《山西省省属国有企业财务等重大信息公开办法（试行）》中，省属国有企业财务信息及有关重大事项为主要公开内容，除财务报告外，还包括企业的生产经营管理情况、大额度资金运作情况、职工权益维护情况、履职待遇、业务支出情况等信息。

(2) 分阶段分步骤实施信息公开。在信息公开初期，企业可根据自身实际把握，选择相对成熟、有较高可操作性的主要会计数据、财务指标、财务会计报告和财务预算等财务信息；同时，可结合国有企业实际生产经营事务及信息安全保障要求，对不涉及国家及商业机密的生产经营管理情况、大额度资金运作情况、职工权益维护情况，以及社会关注度较高的企业领导人员履职待遇、业务支出的年度预算和执行情况及国资委等有关部门规定的其他事项等内容，予以分阶段公开披露，逐步“探索推进国有企业财务预算等重大信息公开”。企业要把这项工作纳入整体信息工作，不只就“公开”说“公开”。

（3）借力IT技术推进。借助互联网和云、大数据等IT技术，打造国企信息公开平台。这样不仅有了固定的公开渠道，为社会公众查阅信息提供服务；还能使国有企业集团层面掌握的大量财务及预算数据，在数据统计分析之后，发挥更大的财务管理和预算价值。

（4）加强对国有企业公开信息的监管。公开信息质量决定公开的效果，应保证信息公开工作的常态化、数据质量的可信性，切实保证国有企业将信息发布到综合平台上，向社会提供真实准确的财务数据，接受公众的社会监督。

德勤说

中国企业无论在国内经营还是到国际市场上参与竞争，面临的监管环境日益严格，合规要求涉及方方面面。许多企业虽然已经意识到合规经营的重要性，但是在对合规的具体要求和落实实践方面仍有较大不足，一些企业已经付出了巨额罚金和信誉受损的代价。

因此，我们建议企业在合规经营、依法治企的实践上优先从以下几个角度进行思考：

（1）适时设置独立、专业的合规管理职能与团队。通过设立首席合规官、明确合规管理职能、配置胜任的专业人员，进一步强化合规管理的组织保障；通过明确合规管理专业人员的任职资格，保障合规管理团队的独立性和专业性。

（2）针对合规重点领域开展专项工作。在反垄断、反不正当竞争、出口管制、腐败舞弊、税务及 BEPS、信息公开等领域，企业应客观评估监管要求所带来的合规风险，要及早采取应对举措，并在必要时借助专业机构的力量。

（3）高层重视，自上而下培育企业整体的合规文化。通过《员工行为准则》等的建立和贯彻、领导垂范和全员培训教育，在企业树立良好的合规文化；主动将合规纳入企业战略、价值观、品牌无形价值等高层次考虑，而不是被动应付。

（4）丰富合规管理的工作方式。在现有方式基础上，明确“举报人保护制度”和“合规豁免”制度，进一步强化监督信息来源；将监督结果与职位晋升、绩效考核挂钩，使合规考核成为“一票否决项”；具备一定基础的企业，应充分应用合规管理成熟度评价指标体系，通过合规管理体系的监督评价，持续推动合规管理能力的提升。

（5）建立综合的合规管理制度，并借助信息化等工具。将合规管理融入业务执行的各个环节，不要有漏洞，针对具体领域如反垄断、反不正当竞争、利益冲突等制定专门的管理制度；利用大数据、信息化等手段和工具，提升合规管理效率，增加合规管理透明度，增强合规监督的力度。

随着国内法治水平不断提升和中国企业不断参与国际竞争，合规经营、依法治企已成为大势所趋，我们有理由相信“合规”不仅能够成为保护企业的有效屏障，更能够在国际竞争中为企业树立良好的品牌和形象，提升企业的竞争力，成为企业价值的源泉之一。

行业篇

汽车行业国企改革研究

在上文中，我们探讨了五个国企改革热点话题，本篇尝试从行业角度出发，选取汽车行业，探讨国企改革对行业的发展将带来怎样的影响。

汽车行业国企改革趋势分析

1. 汽车行业国企的现实挑战

作为中国经济发展的支柱产业之一，汽车行业承载着中国制造业升级的战略任务和市场化要求。目前，汽车行业仍以国有控股企业为主导，但规模效应并未转化为效益优势和市场竞争力的提升。首先，国有企业的财务表现和全要素生产率要低于同行业民营企业。其次，对合资业务的过度依赖凸显出国有整车企业发展的结构失衡问题，并且旗下自主业务还面临扭亏的压力。更为关键的是，国有自主品牌车企发展明显失衡：将 SUV 作为单一增长极，在更为主流的轿车市场则出现市场份额连续下跌的情况，导致企业抵御市场能力较弱。国有整车企业内生性增长动力不足和发展不均衡，有悖于中国“做大做强汽车行业”的战略初衷。具体表现如下：

（1）管理效率有待提高。国有整车企业发展多年已经形成极具规模的体量和营收水平。但规模优势并未形成相应的效益优势。相较于几大民营汽车企业，国有企业在经营效率和资本利用率等方面存在不小差距。从考核企业盈利能力的关键指标来看，2015—2017 年期间，上市国有汽车企业的总资产报酬率（ROA）和净资产收益率（ROE）逐年下滑，而且远低于民营企业（见图6-1、图6-2）①，2017年国有汽车企业平均ROA和ROE均为3%，而民营企业这两项指标分别达到了6%、8%。

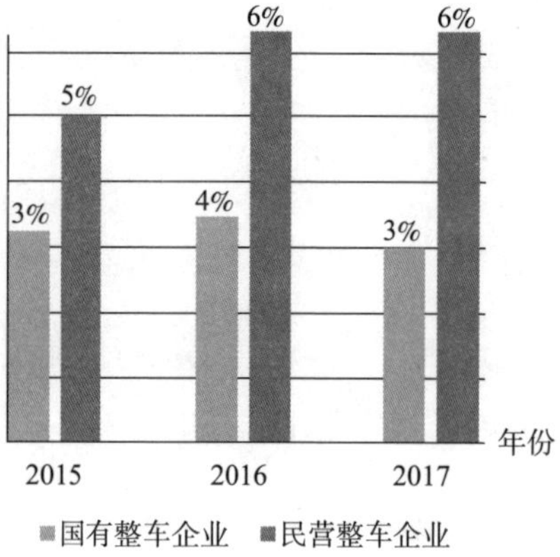

图6-1 国有和民营上市车企总资产报酬率比较

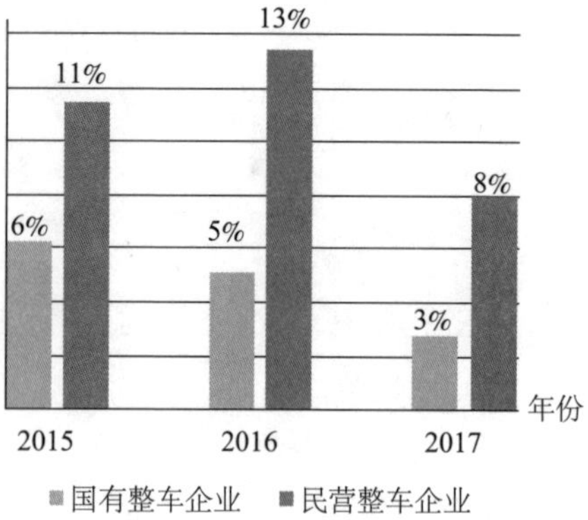

图6-2 国有和民营上市车企净资产收益率比较

（2）长期看盈利前景面临挑战。近两年，国有自主品牌的综合竞争力实现全面提升，不仅反映为销量和市场份额的爬升，还表现为价格中枢的上移，更为关键的是在研发投入、造型设计、对消费者需求的洞察、平台化搭建、产品体验及营销创新等方面均取得了较大突破。从2017年财报来看，龙头整车国企得益于其抢眼的销售业绩，同比亏损大幅减少；但也有部分国有整车企业因产品竞争力不佳，销量连续下滑，再加上连年的研发投入、销售费用和运营开支，长期陷于亏损。

预计2018年后，外部竞争环境将变得更为复杂，政策、技术变革和消费方式的转变将成为引导产业发展主要驱动力量，自主品牌内部将开启末位淘汰制，组织方式更灵活、资本优势更大。民营企业得益于前期企业战略调整和技术投入，将进一步扩大领先优势；国有车企则面临更大的竞争和盈利压力，预计国有整车企业之间的整合将提速，从技术合作向组织层面融合，从高管交叉调任向更深层次的体制改革迈进。

① 此处为A股上市的23家整车企业总资产报酬率和净资产收益率的中位数。

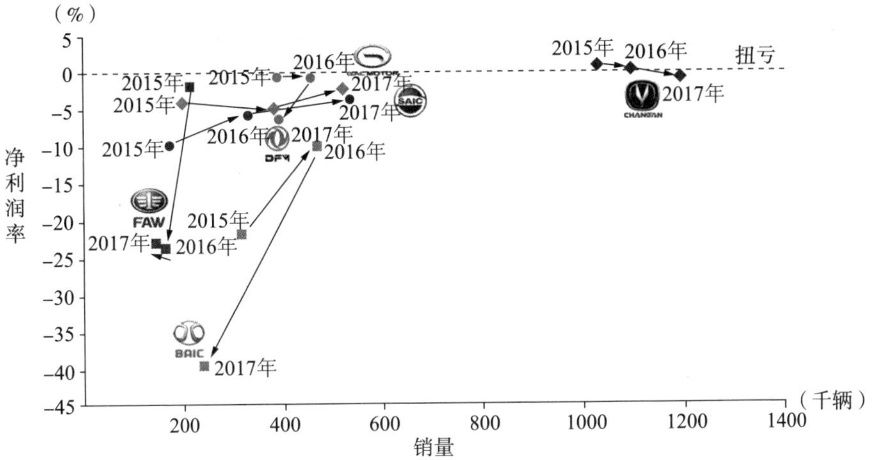

图 6-3　主要汽车国企集团自主板块盈利情况

注：仅统计各汽车集团自主乘用车业务净利润，计算方法为归母净利润减去投资收益；销量为 2017 年各集团自主乘用车板块销量。

资料来源：Wind。

(3) 员工士气有待提高，人才流失存在较大风险。自 2015 年起，央企和地方汽车国企也陆续落实“限薪令”，开展薪酬制度改革，汽车行业国企与其他行业国企相比，高管薪酬下调幅度更大，与民营车企、外资车企高管薪酬的差距进一步加大。国企薪酬制度改革的本意是将薪酬与岗位职责、绩效更多挂钩，引入长效激励约束机制，但短期来看，一些负面影响也显现出来：在同行业中明显偏低的薪酬水平影响国企高管工作积极性，削弱中层管理人员的晋升意愿，是造成国企员工士气低下，人才流失的原因之一。根据已公布的 23 家上市车企 2017 年财报分析，最高年薪高管来自民营整车企业比亚迪，为比亚迪副总裁（685 万元）。2017 年国有车企管理层的薪酬均值为 92.5 万元，尽管较 2016 年同期有明显上涨，但仍低于民营企业高管的平均薪酬水平（192.6 万元）。除了薪酬因素，国企的人才体系市场化改革还在进行之中，对企业家价值的认可、提供的施展舞台、长期职业发展愿景等，与同行业的外企、民企相比也还有差距。

表6－1　上市国有和民营整车企业管理层（包括董事、监事和高级管理人员）薪酬水平比较

单位：万元人民币

	高管薪酬均值	典型岗位高管薪酬——董事长（均值）
上市国有整车企业	49.5	92.5
上市民营整车企业	100.9	192.6

2. 汽车行业国企改革最新政策解读

汽车行业国企面临的挑战和所有国企相比，既有共性，也有行业特点。新一轮全国性的国企改革纲领性文件并未将汽车行业列为改革的首批试点领域，但汽车行业国企在历次改革中奋勇当先，尤其是上海、广东等改革步伐超前的省市，成功实现下属重点汽车产业集团的整体上市。回顾汽车行业国企过往改革历程，可分为三轮：以股份制改造为标志的首轮改革，以整体上市为目标的第二轮改革以及以混合所有制改革为切入点的第三轮改革。

第一轮改革由地方国企拉开大幕，以改制上市为主要途径。第二轮改革以集团资产重组、整体上市为主要目标，借助资产注入、资产置换、换股吸收合并、定增反向收购等手段实现整体上市，提高国有资本证券化率。第三轮则以混合所有制为主要方向，着眼于引入非公有资本的股权，以破除国企的机制体制障碍，增强国企作为市场主体的活力和竞争力。总结各省市改革文件，混合所有制改革有五种实现方式：开放式重组、引入基金、员工持股（管理层激励）、引入战略投资者、核心资产或整体上市。

迄今为止，多数国有整车和零部件企业已实现股份制改造，并积极推进混合所有制改革。但混合所有制改革并不以股权的变更作为结束，更重要的是借这一改革契机，完善现代企业制度，在关乎企业经营效率的管理层选聘、任命、薪酬体系等方面进一步市场化，借鉴民营和外资企业的管理机制，提高经营效率和效益，应对汽车行业国企目前的挑战。

2016年9月30日，发改委宣布东航集团、联通集团、南方电网、哈电集团、中国核建、中国船舶等中央企业被列入了混合所有制改革试点。

这表明混改范围从完全竞争性的商业一类国企扩展到电力、民航、电信等商业二类国企，混改主体从地方国企为主扩展到央企集团。《2017 年政府工作报告》继续将国企改革作为年度重点任务之一，可以预见：改革的步伐将大大加快，改革的领域将继续拓宽，混改方案中国有资本持股比例有望进一步放开，参与混改的非公经济体在董事会组成、企业经营决策等方面有望获得更多制度保障。

汽车行业下一阶段改革的重点方向也是混合所有制改革，省市的混改方案和路线也决定了地方国企改革的主要方向。梳理重点省市“十三五”期间国企改革思路和规划路径可以发现，由于国资委直属企业数量、规模、国企功能界定分类的不同，各省市在改革的进度、深度和广度呈现出较大差异。

以上海、广东为代表的沿海省市是国企改革的排头兵，基本实现竞争性领域省属企业的股份制改革，并大力推进集团整体上市或核心资产上市，优化股权结构和公司治理结构。两省在改革模式和途径上也各有侧重，上海以优质资产注入上市公司为主要思路，2017 年 2 月召开的国资会议上，上海将集团整体上市和核心业务资产上市作为此后五年改革的重点，并在此基础上推进二次混改。而作为民营经济最为活跃的广东省，则以省属企业兼并重组、引入战略投资人和民营资本为改革核心，这从广汽集团两次引入民间资本可见一斑。此外，两省在国有股权比例设置上均表现出开放态度：一般性竞争领域国企或国资可以不控股。

安徽、山东、重庆市等省市是本轮改革的第二梯队，其汽车集团企业也加速推进整体上市。安徽国有资产股权相对明晰、资产结构相对合理，改革进程阻碍较少。“十二五”期间安徽国企改革以对外引入大型央企或战略投资人为主要思路；例如江淮汽车先后通过引入战略投资者、管理层持股完成混改，再通过吸收合并的方式实现整体上市。重庆的改革重点落在竞争性领域的混合所有制改革上，目标是让 80% 的国有企业资本实现证券化。山东作为国资大省，其改革方向在于重组产能过剩行业。

表 6 –2　重点省市国企改革推进进程及特点

省市	国资特点	主要方向	改革途径
上海	国资委直属企业数量多，企业资产规模庞大，在竞争性领域占比高	集团资产整合	以集团整体上市或核心资产上市为核心 以两大国资划转平台实现资产划转、开放式改制重组为辅 以员工持股、股权激励为混改新突破点
广东	国资直属企业数量多，但小而分散，且盈利水平不高	做大做强做优主业，鼓励合并	资产证券化（IPO、资产注入或定增） 省属企业的兼并重组 竞争性领域和二级、三级企业发展混合所有制经济
山东	国资大省，但国有资产证券化水平低	重组产能过剩行业，改革未触及竞争性领域	国有资产划转社保基金 集团资产注入、整体上市
安徽	集团股权结构明晰，资产结构相对合理，集中度较高	对内进行结构改革提升运营效率，对外引入央企或战略投资推动混改	整体上市或优质资产上市，清理非主业资产 省属同行业企业兼并重组
重庆	国资委旗下资产涉足领域广，多数国企为国有独资企业	竞争性领域国企混合所有制比例提高至2/3	整体上市、非上市过去开展股权多元化 组建投资运营公司，投资混合经济

调查问卷分析和解读

为了了解国企改革大背景下，汽车行业国企高管对改革实现既定目标的信心、国企改革可能造成的影响、将来的发展趋势的理解，我们在汽车行业国企管理层中进行了一次匿名问卷调查。本次调研包含 14 家整车企业，8 家零部件企业。其中 41% 为央企，59% 为地方国企。通过梳理问卷，总结出以下四个关键点。

1. 汽车行业国企改革任务紧迫、信心不强

调研数据显示，超过 60% 的受访者认为，结构性产能过剩、汽车企业管理水平落后，以及因刺激政策而透支的消费潜力是当前中国汽车行业面临的最主要挑战（见图 6 –4）。自 2009 年、2010 年的突飞猛进后，中国

汽车市场发展逐年放缓，销量增速趋于稳定。2015 年宏观经济的疲软使得社会消费品零售总额增速回落，而作为耐用品的汽车更是出现销量同比大跌。

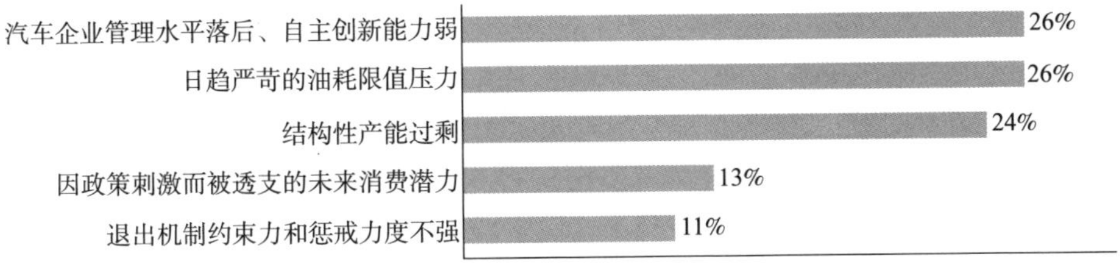

图 6 -4　中国汽车行业面临的问题和挑战（多选）

为刺激车市，中国政府在 2016 年照搬几年前的税收调节手段，通过降低小排量车型的购置税来提振受抑制的汽车消费。该优惠政策连同厂商的促销战略有效地刺激了市场需求，中国汽车市场重回双位数的高增长，并将大量未来消费前置。对此，德勤预计 2017 年作为周期性消费市场的汽车市场发展将大幅放缓，这对产能利用率较低的车企将构成重大挑战。2016 年，国有整车企业自主品牌的产能利用率约为 70%，低于合资品牌；随着需求回落以及细分市场增长出现饱和，依赖结构性机会的自主品牌国企将面临更严峻的产能过剩问题。

汽车行业国企已经启动的国企改革措施中，超四成受访者选择了员工持股等激励措施，超三成选择了开放式重组，而选择上市和引入战略投资者的人相对较少（见图 6 -5）。这和前面介绍过的汽车行业国企过往改革成绩有关——已经经历过几轮上市热潮了。而目前，提振企业内部的士气，发挥“人才”这一生产要素的活力，以及行业内的重组和资源优化得到更多关注。

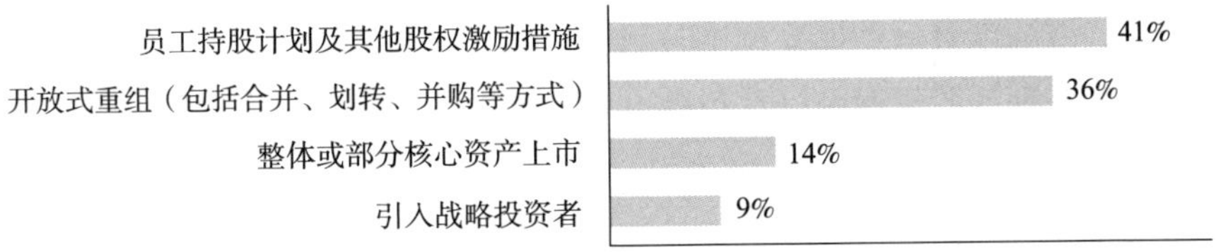

图 6 -5　汽车行业国企已启动的国企改革措施

但与此同时，高管们对汽车行业国企改革的前景看法较为谨慎。调研中仅23%的受访者对国企改革解决汽车行业当前面临的问题表示乐观，超过70%的受访者持悲观或中立态度（见图6－6）。尽管关于国企改革的顶层设计方案陆续出台，但各地方政府在制定和落实当地国企改革实施方案时却进程缓慢，多在待相关改革试点推行并且取得一定成功经验后再开始铺开。国企改革是系统性工程，目前各项配套政策仍有待完善，并且改革牵涉多个部门，各部委利益需要时间协调也是造成改革延迟的主要原因。混合所有制改革还呈现“国资热”“民资冷”的趋势。民营企业在参股后对能否获得对应的公司决策权心存疑虑，因而对参与国企混合所有制改革的积极性不高。

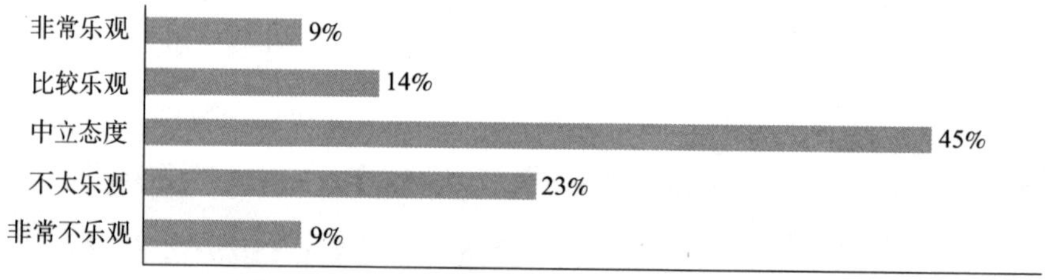

图6－6　汽车行业国企改革的前景乐观程度

2. 混合所有制改革是下一阶段改革重心

汽车行业作为竞争性领域，通过多年来的市场化改革，已经在产权市场化、股权多元化方面取得积极进展。但同其他竞争性领域一样，汽车行业国企虽然基本实现了组织形式、产权结构和公司治理机制上的改革，但并未在企业内部建立起实质有效的约束和制衡机制，综合问卷结果可以得出：下一阶段（即“十三五”期间）汽车国企的改革重点将以健全现代企业制度、提高国有资产证券化率为核心，主要实现方式包括整体上市、员工持股和管理层股权激励以及积极引入各类战略投资人。

（1）集团整体上市仍为改革的重中之重。多数国企在改革初期实现了改制上市，将部分资产注入设立的股份有限公司并通过公开发行股票上市。但“部分上市”模式的弊端也尤为明显：上市主体和控股股东业务易构成同业竞争，滋生关联交易，阻碍上市公司治理机制的建立健全。

为完善公司治理，同时提高国有资产证券化水平，国企在2006年开启整体上市大幕。集团整体上市不仅盘活了国企存量资产，提升了国有资产证券化率，帮助企业改善了融资环境，还有利于解决关联交易和同业竞争等痼疾，有效提高了国企运营效率。截至目前，六大整车国企中，一汽、北汽和长安仍未在集团层面实现整体上市，未上市资产的历史遗留问题仍待解决。

汽车行业整体上市的思路可归纳为：推动集团内部资产整合，做大做强主业。从已上市汽车国企的路径来看，母公司整体上市和主业资产整体上市是采用最多的方式。集团优先将最优质的整车和关键零部件资产注入上市平台中，而将盈利能力差，或者不符合上市条件或不适宜进入上市平台的非经营性资产剥离，随着业务成熟或净资产收益水平改善，再将其置入上市公司。

从操作角度而言，企业内部的产权结构、主辅业分割以及外部资本市场环境是影响国企整体上市的重要因素。对拟上市企业的问卷调查显示，超过六成的国有汽车企业计划采取母公司整体上市或核心资产上市的方式（见图6－7）。由于多数整车国企旗下拥有一个或多个上市平台，采用何种途径实现整体上市也成为二级市场颇为关注的焦点。

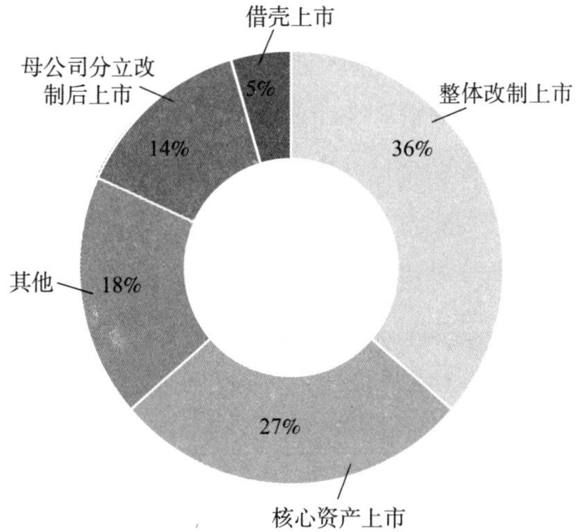

图6－7　拟上市企业整体上市模式选择

定增反向收购、换股 IPO、换股吸收合并和自有资金收购是国企整体上市的主要途径，其中定增反向收购是汽车国企较为主流的整体上市模式。较典型的是上汽集团整体上市的案例，2006 年上海汽车向控股股东上汽股份定向增发股份，收购后者的整车、关键零部件和汽车金融资产，实现上汽股份整车资产整体上市；随后上海汽车开启二次重组，再次通过定增将上汽股份剩余整车和服务贸易资产注入，完成经营性资产的整体上市。

（2）员工持股需要合规性和科学性来保证公平性和激励效果。如前面的调查结果显示，超四成国企都启动了员工持股试点，是所有改革措施中最多企业选择的。2015 年国企改革的顶层设计文件提出的员工持股，不是全员持股，是一种对管理层和关键岗位员工的激励手段。同时，鉴于前几轮改革中员工持股的探索，涉及一些国有资产流失的争议，本次改革强调试点先行，分类分层分阶段推进，并且为防止国有资产流失的风险，设计了对企业业绩要求、进场交易、同股同价等具体的规定。

目前，包括上汽、东风、广汽集团均开展了管理层股权激励。其他车企在进行员工持股的改革中反映执行起来有不少困难（见图 6－8）。挑战最大的是如何确定激励对象，41% 的受访企业认为激励对象的筛选是股权激励方案推行的最大难点，尤其是是否能基于合理的人才评估计划，确保内部分配的公平性。其次是如何体现激励和约束对等原则，高管上市后离职套现的案例频频发生，使得股权激励未能起到应有的效果。股权激励的初衷是为了吸引和固定人才，使得激励对象和公司成为利益和风险共同体，调动员工的主动性和积极性，因此如何在合规合法的前提下引入约束机制也是推行股权激励方案过程中不容忽视的难点之一。最后是股权激励方案涉及部门繁多，需获得包括国资委和证监会等机构的审批，沟通成本高、程序烦琐。

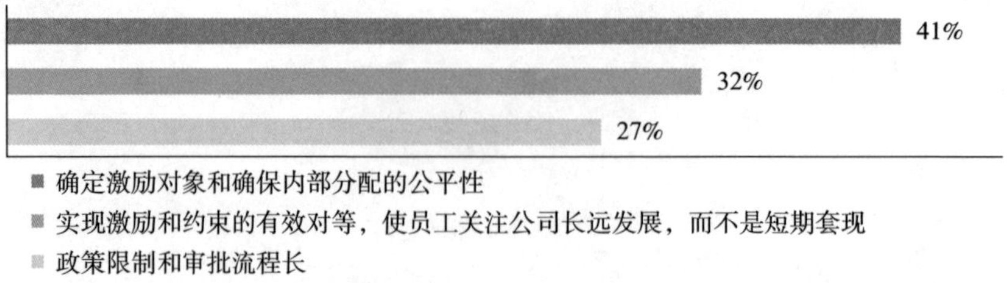

图 6－8　国企推行员工持股和股权激励的最大难点

解决这些挑战需要一套既科学合规又有实施落地可操作性的员工持股方案，本章后面会用一个案例介绍参考方案。

（3）积极引入各类战略投资者关键在于对股东权利的平等保护、合理制衡。在《2017 年政府工作报告》中，关于国企改革的五大目标中，激发非公有制经济活力再一次被提及，要求进一步放宽非公有制经济市场准入，鼓励非公经济体积极参与国企改革。国资委主任肖亚庆也在会上强调，混合所有制改革要让各个股东方、利益方都得到利益，让参与的市场主体和资方主体能够真正参与公司治理。

但是一般而言，民营企业参与混改的积极性不高。在本次调查中，41% 的受访企业认为体制差异和管理模式冲突是今后影响民营企业参与国企改革的主要障碍；其次是股东权利不对等，仅有投资收益权缺乏企业经营和发展的话语权（36%）（见图 6 - 9）。

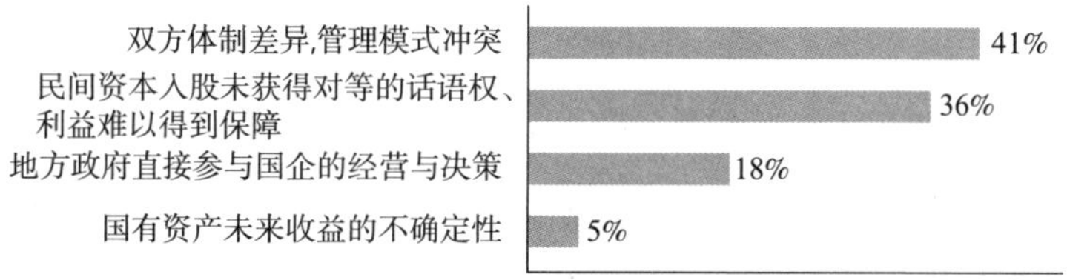

图 6 - 9 影响民营企业参与混改的关键

对于外资能否和多大程度参与汽车行业混合所有制改革，市场并不乐观。目前，围绕汽车行业外资股比红线的争议颇大：赞同者多为整车国企，认为放开股比后中方获利将受严重挤压，反对者则认为股比限制已经制约了国有车企自主品牌核心竞争力的提升。问卷调查显示，一半以上的受访者对于汽车行业合资企业股比限制放开的前景表示悲观，认为外资企业并不能在混合所有制改革中发挥作用；约三成的受访企业表示外资企业可以通过参与中国车企“一带一路”国际化参与国企改革；仅少部分企业认为在部分改革阻力较小、较开放的省市可以试验以产业或财务投资人的身份参与混合所有制改革（见图 6 - 10）。

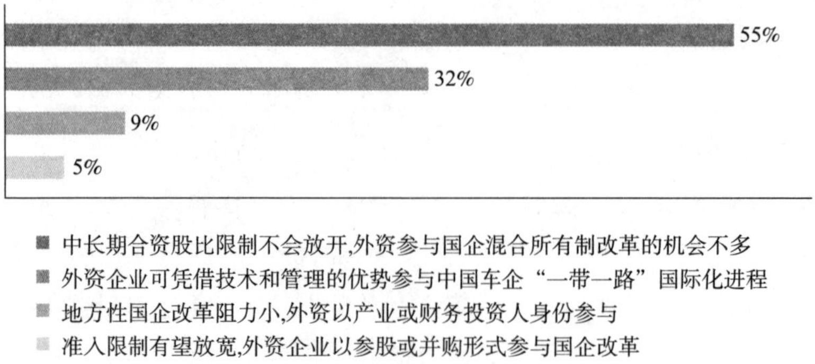

图6-10 外资参与国企改革机会

3. 激发汽车行业国企活力的重点之一在于人才市场化

管理仍然是体现车企核心竞争力的最关键因素，企业的经营管理很大程度依赖于管理团队的专业性、积极性和创造性。但目前，汽车国企管理层（一把手）的任命仍取决于中央或地方组织部，这有悖于企业加快建立现代企业制度和职业经理人制度的目标。尽管包括东风、上汽、北汽等企业多年来在高管全球市场化选拔和聘请上有所尝试，但最终聘用的皆出自体制内。来自市场化选聘的经理人也因为缺乏流动性、薪酬体系与市场不匹配等原因而出现较高的离职率。

目前，国企的人才市场化工作仍处于改革初期，具体表现为经理人来源单一、缺乏市场化的薪酬体系、就任后缺乏问责制度和股权激励。该趋势也被问卷调查结果所印证：一半的受访者认为国企人才市场化工作的关键在于管理层和核心骨干的股权激励，其次是薪酬分配差异化改革（27%）（见图6-11）。

薪酬分配制度不健全、人才上升空间受阻已经成为近年来影响国有汽车企业研发实力提升、核心竞争力强化的重要因素，也将是今后国企人才市场化工作的重心。国资委2016年初提出十项改革试点，六项涉及人才市场化。此次调研中，64%的受访者表示企业薪酬分配差异化改革是下一阶段重点改革任务，其次是推行职业经理人制度和落实董事会职权（见图6-12）。

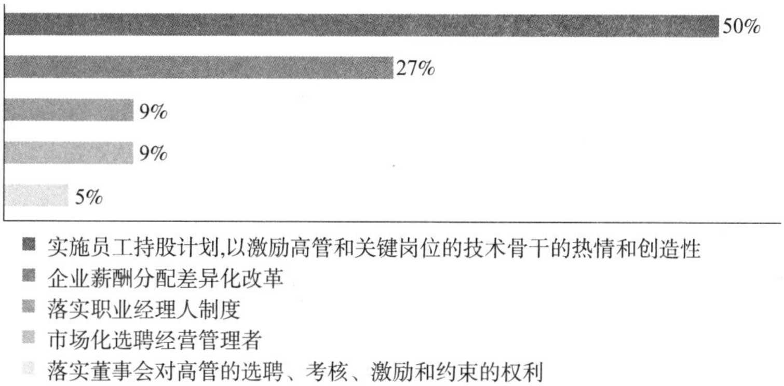

图 6－11　国企推进人才市场化工作的关键因素

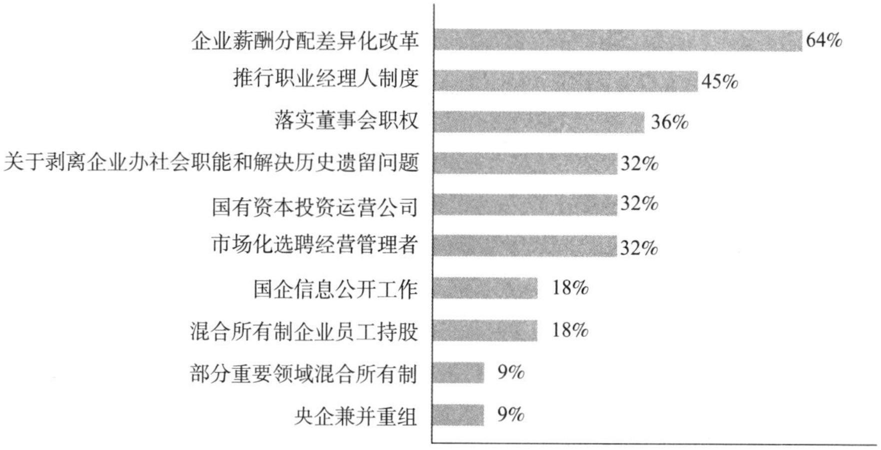

图 6－12　2016 年后三年汽车国企十项改革试点的三大重点

推行差异化的薪酬体系和高管市场化选聘，其前提都在于建立一个独立、专业、有问责能力的董事会，并确保董事会掌握包括企业战略决策、利润分配、薪酬考核等职权，防止内部控制人问题导致国企重大经营决策失误。国企的董事会建设目前进入了需要从形式上的合规性走向现实中的有效性的阶段。2017 年 5 月，《国资委以管资本为主推进职能转变方案的通知》（国办发〔2017〕38 号文）公布了精简的国资监管事项 43 项，其中经理层的选聘、业绩考核和薪酬管理三项将授权给落实董事会职权试点企业，国资委不再监管。可以预见今后国资委向企业董事会让渡人事任命权和其他职权的过程将加速。

4. 兼并重组需加大力度

综观国外汽车行业整合的路径和模式，企业兼并整合经过了从小企业互相兼并、大企业整合中小型企业、大型企业强强联合的发展阶段；政府干预从主导到引导，鼓励市场机制发挥作用。中国汽车行业上一轮兼并重组活动以“省内整合”“以大吃小”“以强并弱”为主，强调实现企业规模效应，且政府介入较深。此外，汽车国企兼并重组伴随着国有资产的无偿划转，例如滨州国资委将所持渤海活塞股份无偿划转给北汽集团，亚星集团将其持有的国有股份无偿划转变更给潍柴扬州等。

而这一轮的国企改革，更加强调企业是市场主体，兼并重组应是企业市场化的行为；政府只是服务支持的角色，为改革创造条件。兼并重组如果是企业自发性的决策，应该基于企业长期战略的考量，纵向在产业链上下游延伸以提高提升核心竞争力；或是横向在不同区域乃至全球市场做布局。问卷结果显示，目前汽车行业国企的兼并重组面临着以下几方面阻碍：55%的受访者认为国企管理层级过多、架构复杂，下属公司众多是最大阻碍；其次，中央、地方政府以及车企等多方利益难以协调也是造成整合之难的重要原因（见图6－13）。

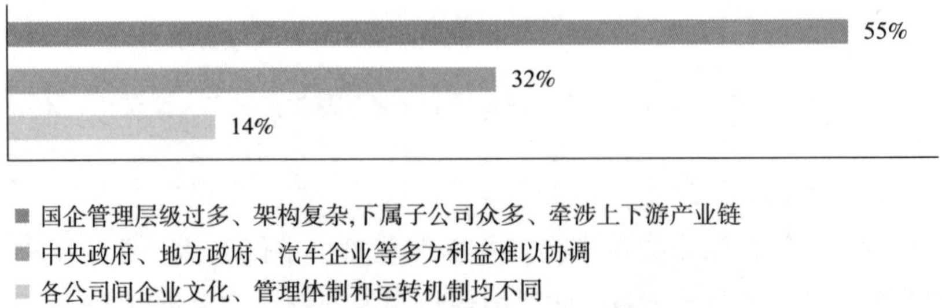

图6－13　影响国有车企兼并重组进程的限制因素

按照国资委的规划，2017年商业类国企领域，尤其是完全竞争性行业的兼并重组步伐将加快，支持中央企业以优势龙头企业和上市公司为平台，通过资产重组、股权合作、资产置换、无偿划转、战略联盟、联合开发等方式整合同质化业务。在2016年出台的《关于推动中央企业结构调整与重组的指导意见》中，汽车行业赫然进入重组产业名单，明确鼓励汽车领域相关中央企业共同出资组建股份制专业化平台，加大新技术、新产品、新市场联合开发力度，减少无序竞争，提升资源配置效率。不同于钢铁、冶金等上游行业以减少无序竞争和同质化经营、化解行业产能过剩为主要目的的改革，汽车行业的整合更侧重弱资本属性的、松散型的合作方式（例如战略同盟、共同开发），而非经营权转移或整合。例如2017年2月，一汽集团和东风集团就燃料电池、轻量化材料等前瞻性技术达成了技术合作。

考虑到当前中国汽车行业发展现状，出清过剩库存、减少重复投资建设将继续成为汽车行业兼并重组的主要驱动力，尤其是在国内需求放缓、出口不畅的背景下，前期产能高速扩张的自主品牌，将面临严峻的产销矛盾。德勤认为，2017年汽车行业国企兼并重组将呈现两大趋势：一是淘汰过剩产能、长期亏损、经营资产差的僵尸企业；二是大型国有汽车企业基于前瞻技术的强强合作。预计今后市场机制和政府引导将双管齐下，大型汽车集团之间强强联合或股权资本合作将被提上议程。

汽车行业国企改革案例分享

从以上调查问卷结果和分析我们发现，汽车行业国企面临严峻挑战，自主乘用车板块不仅在销量、产品竞争力等层面难以同合资和外资品牌匹敌，在更为关键的生产水平、经营绩效、创新激励等方面也存在低效、资源错配等问题。包括员工持股在内的混合所有制改革将是下一阶段的改革重点，人才体系市场化等改革措施将加速落实，汽车行业国企将以改革作为动力砥砺前行。企业竞争力的角逐最终落在管理上，对整车企业而言，产品从定位、设计、研发、生产、采购、配套工艺、市场营销、商务政策到售后体系搭建，归根结底都取决于企业的管理竞争力。混合所有制改革的最终目标就是通过产权结构的变更，建立更灵活有效的内部管理机制，提升企业活力和管理能力。而汽车行业在推进国企改革的过程中遇到的挑战如何解决，下文将通过几个案例来提供参考。

[案例一]

某国有车企子公司混合所有制改革案例

背景

某上市汽车国企集团的子公司，从事商用车的研发和生产，为100%国有控股企业。由于商用车市场需求趋稳，该子公司同行业龙头企业相比在产品竞争力和利润水平上存在较大差距，因管理体制僵化制约企业技术能力、产品规划和盈利能力。集团计划在子公司推行混合所有制改革，希望通过产权结构的调整来推动企业进一步优化治理结构，并促进其业务板块独立自主发展。改革内容包括引入战略投资者，最终上市，实现资产证券化。

挑战

1. 尽管从中央到地方都出台了改革文件，但仅限于大方向的指导，如何将改革措施落实到位，又不触碰政策红线，十分考验改革执行层面的智慧。比如：国资持股比例到底多少才合适？此案例的国企决策者和国资监管机构最初在国有股权比例等方面存在较大分歧

2. 混改项目的时间进程把握。在了解了情况，完成初步方案设计后要报国资委批准，才能进行下一步细化方案的设计以及方案的实施，需要预留等待审批的时间。混改过程中每个步骤要涉及方方面面的沟通：企业管理层、员工、上级监管部门、外部潜在投资者、各类中介机构等，都需要时间。而企业初次启动混改项目，不了解情况，提出在三个月时间之内完成的期望

3. 企业如果最终目标是上市，改革过程一开始就要从资本市场的角度往回看，改革过程中参照资本市场的要求。过程中的一切操作要依法合规，保证投资者退出时没有障碍。企业和潜在投资人对企业自身及对资本市场的理解差异较大，给挑选外部投资人造成困难。

方案

1. 根据当地国资委的政策要求，结合中央及其他地方国资委混改政策和混改案例的研究，帮助企业和上级监管机构进行多轮沟通，解决彼此关切，最终监管机构和管理层对国有股权比例达成一致意见。

2. 根据之前全国各地几十个混改项目的实施经验，整理出了一份标准的混改时间表和路线图，让企业看到一般混改全过程历时一年以上，至少预留半年的时间。并争取了企业领导的全程参与和与利益相关者的持续沟通，确保方案符合企业长期发展战略、高管和员工的期望，解决历史遗留问题，保证实施阶段的可落地可操作性。

3. 根据资本市场“战略清晰、主业突出、管理团队和公司长期利益一致、公司治理结构完善、退出机制明确”的要求，帮助企业重新梳理了战略，启动了业务和债务重组，建立财务模型测算了五年业绩情况，并设计了治理结构和员工持股计划，吸引到了潜在投资人。同时，在筛选外部投资人的时候，协助信息的适当披露和保密，在行业投资者和财务投资者中找到了对企业最有利，能够在资源、战略层面实现互补的投资人。

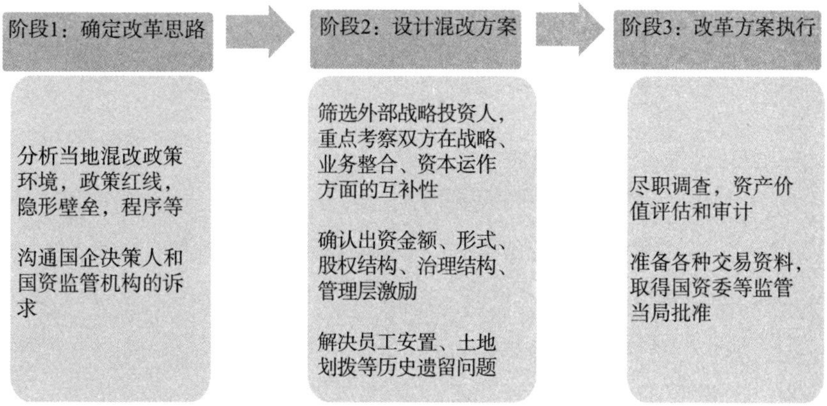

图 6－14　混改的一般进程

[案例二]

某地方国有车企集团混合所有制改革的人才市场化与持股激励机制建设

背景

某地方国有车企，集团层面拟启动混合所有制改革。该车企当前优势在于中档汽车市场份额大，但同时在消费者心中固化的中档品牌定位阻碍了向高端市场迈进。希望通过本次改革实现三大目标：引进投资者，集团未来整体上市；与外资品牌合作，探索高端市场；打通汽车产业链条，布局汽车消费金融，实现产融结合。但是在这一改革过程中，现有人才机制无法匹配战略目标实现，尤其是市场化人才选聘与薪酬激励机制的缺失成为本次混改的瓶颈问题之一。

挑战

1. 市场化人才吸引与保留难度大。处于非省会地级市，区域因素增加了对人才的吸引与保留难度。基于本次战略转型目标，尤其缺乏如下三类人才：集团上市所需的资本化运作人才、外资合作以及高档汽车市场所需的全球化视野的高端管理人才、兼具汽车行业与消费金融行业知识能力的跨界人才。

2. 薪酬绩效体系完善、薪酬分配差异化障碍重重。绩效管理体系的不完善、人才价值评估机制的缺失，导致员工形成了薪酬奖金分配中论资排辈、吃大锅饭的心理习惯。传统业务的僵化机制难以突破，新业务在初创期的管理体系混乱无序，需要不同的人力资源体系建设之路。

3. 遗留历史问题影响到现有激励机制建设。集团层面曾经实施过员工持股计划，但存在如下问题：离职人员股权管理混乱，且未及时回收；司龄较长的在职员工持股额度较高，形成对股权分红的依赖心理，导致工作积极性不足与绩效降低；新晋核心骨干与外部吸引人才未在持股计划中，缺乏新的激励机制，与老员工持股收益相比引发内部公平性问题。

方案

1. 从战略地图分解到人才地图，建立市场化人才选聘与培养机制。

（1）厘清人才标准，盘点组织与人才，通过市场化人才选聘满足企业发展的人才需求。

基于公司战略三大目标任务，梳理出该车企的人才目标要求。对当前的组织与人才现状进行盘点，梳理人才缺口差异。拓宽招聘选人视野，内部公开竞聘、外部市场招聘多渠道选拔，满足发展过程中的人才需求。基于该市场化人才选聘机制，让现有公司内不合适的人通过转岗、再培训等多种方式分流，让有能力的人站在合适的位置。并且面向海外吸引人才回流，将合资公司管理中心设置于上海，便于人才的吸纳。

（2）建立集团层面的人才库计划，打造全产业链的“生态人才”库。

基于集团全产业链规划，打破组织边界，定义该车企的“生态人才”，构建集团人才库。通过对关键人才学习地图的描绘，从被动学习转为主动学习，助力人才培养计划落地。改变过往依赖于单一职业序列后备干部的继任者计划，扩展人才梯队，丰富人才职业发展路径。对于传统整车制造销售板块的人才，鼓励通过新的技能补充，挑战尝试新的业务领域。

2. 薪酬分配差异化机制改革。

（1）价值导向、业绩导向的薪酬分配差异化。

匹配产业调整目标，对该车企进行组织架构调整、岗位重设优化，并建立科学的岗位价值评估与绩效管理体系。通过面向员工的宣导沟通，打破平均主义思维，以“价值导向、业绩导向”为原则，实现集团内部的薪酬分配差异化，在岗位序列之间、不同业务板块之间实现统一化与差异化的结合，既保障内部公平性，又做到与市场外部竞争可比。

（2）完善公司治理进而推进薪酬分配差异化改革。

对于该车企中由组织任命的负责人，重点规范其薪酬结构。其余市场化选聘的高管，则以公司治理完善为前提，将薪酬分配权限赋予董事会。按照职业经理人改革方案，将市场化选聘与职业经理人薪酬制度改革方案相匹配，与企业经营业绩、个人绩效指标建立强相关的挂钩机制。

对于各子公司经营管理团队的薪酬分配，同样以公司治理为前提，鼓励各子公司落实董事会权限，将集团母子公司管控与双重董事会治理结构相结合，明晰权责、梳理流程，保障从集团到子公司各个层级的薪酬分配差异化改革。

3. 清理与更新员工持股计划，匹配公司发展目标，建立长期激励规划，实现持续动态激励。

（1）历史员工持股清理。评估公司价值，以一定溢价作为回购价格与员工协商，对于离职员工股权全部回购，对于在职员工股权采取自愿原则。

建立股权池，更新员工持股计划。以清理回收的股权、尚未分配的股权作为新的股权池，面向公司新引进与晋升的人才，以业绩、能力为导向建立新的分配规则。

（2）结合公司资本运作计划，建立长期激励体系整体规划。伴随着引进战略投资者、上市的进程，基于股东目标的实现，持续推出新计划，包括超业绩目标奖励、期权、岗位分红权等多种方式的激励方案。

[案例三]

某上市汽车企业优化公司治理结构的案例

背景

某上市汽车企业集团为调整“缺重少轻”的产品结构，本着把上市汽车企业产品谱系做大、做全的思路，成立了一个全新的轻型车事业部制机构。该事业部在过去几年取得了辉煌的成果，销量处于快速上升的阶段，但现有的驱动因素并不能支持销量持续快速增长，互联网技术和新能源动力革新所带来的行业颠覆式发展趋势已经形成，使得传统商业模式下的产品可持续盈利能力触及了天花板，需要寻找更多具有高成长性的动力和投资点。该集团计划通过混合所有制改革，实现多元化股权结构，强化公司治理机制和法人治理结构，提高企业管理效率，改善企业经营理念，赋予管理层充分经营自主权，夯实市场化的管理体系和运行机制，推行公平合理的激励约束机制，建立定位清晰、权责对等、协同运作、制衡有效的市场化企业制度。

挑战

1. 企业混改过程中，如何建立相互制衡、相互约束和相互激励的股权结构是混改方案设计的核心。对应不同股权结构下，如何通过“三会一层”的治理结构设计对决策体系进行制衡，既要符合外部监管要求，又要满足当前管理层的控制需求，同时还需要对外部投资者存在吸引力是本次混改治理结构设计的关键。

2. 治理结构的设计需要充分考虑完善小股东权利体系，提升中小投资者同样投入下的话语权，对于治理结构的设计提出了挑战。

方案

建议混改后公司建立权责对等、运转协调、有效制衡的“三会一层”法人治理结构。董事会的规模与结构及相关的议事规则是本次项目的核心重点。

保持董事会规模与结构的相对合理性是高效董事会的前提条件之一，根据不同股权设置方案，我们分别建议了不同规模和结构的董事会。对于公司治理中的关键角色的人员设置，建议提前进行考虑，并在与战略投资者讨论过程中予以关注。

考虑到辅助决策专业化要求，结合公司业务特点，建议董事会下设若干专门委员会，如审计委员会、薪酬与考核委员会、提名委员会、战略与投资委员会、质量与安全委员会、品牌管理委员会等。其中，质量与安全委员会及品牌管理委员会建议与潜在战略投资者进行充分协商，由国有资本股东提名的董事担任多数委员。未来如果公司上市，审计委员会、提名委员会、薪酬与考核委员会中独立董事应占多数并担任召集人，且审计委员会中至少应有一名独立董事是会计专业人士，以保护中小股东的合法权益不受损害。

德勤说

（1）中国汽车行业面临结构性产能过剩、因刺激政策而透支消费潜力等挑战。国企改革成为解决行业矛盾，推动行业前进的重要动力。国企改革顶层设计方案的“1 + N”中的“N”项配套措施已经陆续出台，改革已经进入实施阶段。2017 年 5 月国资委公布将下放 43 项监管权力，可以预见改革措施的逐步落实，将提振改革信心、加速改革进程。

（2）这一轮汽车行业国企改革重点在混合所有制改革。混合所有制改革不仅是产权结构的变更，更是以此为契机，建立平等保护、相互制衡的治理结构，转变为更灵活有效的内部管理机制，激发国企的活力和竞争力。

（3）竞争力的角逐最终落在管理上，而企业管理能力又最终体现在管理团队能力上。人才市场化工作已经被国有车企提上改革的重要议程。高管选聘的市场化、差异化薪酬、员工持股等将是今后一段时间汽车行业国企人才市场化工作的重点，目标是激活“人才”这一要素，为企业长远发展输送源源不断的动力。

本章于 2017 年 8 月在德勤中国官方网站首次发表，再版时于 2019 年 1 月更新修改。